W0059802

Verena Kast

# Vom gelingenden Leben

*Märcheninterpretationen*

Walter Verlag Zürich und Düsseldorf

Die Deutsche Bibliothek – CIP-Einheitsaufnahme

**Kast, Verena:**
Vom gelingenden Leben : Märcheninterpretationen / Verena Kast. –
Zürich ; Düsseldorf : Walter, 1998
ISBN 3-530-40032-7

© 1998 Walter Verlag, Zürich und Düsseldorf
Satz: Utesch GmbH, Hamburg
Druck und Einband: Freiburger Graphische Betriebe, Freiburg i. Br.
Printed in Germany
ISBN 3-530-40032-7

# Inhalt

# Märchen vom gelingenden Leben?

Warum dieses Fragen nach dem gelingenden Leben? Ich halte es für außerordentlich wichtig, daß wir uns nicht nur den Bildern vom scheiternden Leben aussetzen, sondern daß wir uns auch den Bildern vom gelingenden Leben öffnen. Denn eigentlich wollen wir ja nicht das Scheitern des Lebens verhindern, wir möchten vielmehr, daß das Leben gelingt. Bilder prägen uns, und Bilder vom gelingenden Leben könnten dazu führen, daß wir uns mehr ins Gelingen verlieben als ins Scheitern.[1]

Märchen konfrontieren uns mit Bilderfolgen, die letztlich immer zum gelingenden Leben führen. Dabei sind die Erzählungen der Märchen sehr lebensnah: Es handelt sich jeweils um eine Dialektik von Gelingen, Mißlingen und erneutem Gelingen. Und es ist durchaus nicht so, daß Märchenheldinnen und Märchenhelden nie resignieren und verzweifeln. Doch gerade am Tiefpunkt der Verzweiflung kommt in der Regel die Rettung.

Was meinen die Märchen mit Gelingen?

Grundsätzlich ist die Antwort einfach: Gelingen meint, daß das Hauptproblem, das immer zu Beginn des Märchens geschildert ist, gelöst wird. Da kommen einem König zum Beispiel die goldenen Äpfel abhanden, oder der Pechmarie fällt die Spule in den Brunnen, oder der König ist krank und wird überhaupt nicht mehr gesund. Das sind Probleme, die am Anfang des Märchens gestellt werden, und die Märchenerzählung schildert einen Entwicklungsprozeß, durch den dieses Anfangsproblem gelöst wird. Das heißt, daß der Protagonist oder die Protagonistin sich so weit entwickelt, daß das Problem kein Problem mehr ist. Am Schluß des Märchens ist aber nicht nur das Problem gelöst, sondern es wird immer noch einiges hinzugewonnen. Dazu gehört jeweils die Heirat. Wir sollten diese aber nicht aus der Sicht des zwanzigsten Jahrhunderts verstehen, denn im 16., 17. und 18. Jahrhundert, als die Märchen im wesentlichen aufgezeichnet worden sind, konnten nur die heiraten, die Geld hatten, also eigentlich nur Menschen der oberen Schichten. Wenn Märchenhelden oder Märchenheldinnen am Schluß eines Märchens heiraten können, dann heißt das, daß sie durch ihren Entwicklungsweg auch einen sozialen Aufstieg gemacht haben.

Ich werde in fünf Märchen der Frage nachgehen, was zum Gelingen geführt hat.

Was steht jeweils gegen das Gelingen?

Auch das muß bei jedem einzelnen Märchen speziell herausgearbeitet werden. Es ist zum Beispiel möglich, daß das Verhextwerden gegen das Gelingen steht wie im Märchen von Jorinde und Joringel. Oder das Bevormundetsein von einem größenwahnsinnig gewordenen Vater wie im Märchen «Rumpelstilzchen». Da sagt der Vater, um vor dem König gut dazustehen, seine Tochter könne aus Stroh Gold spinnen. Armut, Machtdenken, Neid, Eifersucht, Arroganz stehen gegen das Gelingen. Und das ist gar nicht so verschieden vom alltäglichen Leben auch.

Wem gelingt das Leben denn im Märchen?

Es gelingt den Märchenheldinnen und Märchenhelden, die ein mitleidiges Herz haben. Wir würden heute wohl sagen: Es gelingt denen, die empathisch sind, die die Fähigkeit haben, nicht nur sich selber, sondern auch die Menschen und die Welt um sich herum wahrzunehmen. Es gelingt aber auch denen, die dem folgen, woran sie ihr Herz gehängt haben, also denen, die irgendeine Leidenschaft antreibt, von der sie nicht ablassen. Und es gelingt denen, die an ihre eigenen Möglichkeiten glauben und die grundsätzlich Vertrauen in das Leben haben. Protagonisten und Protagonistinnen im Märchen haben zudem die gleiche grundsätzliche Lebenshaltung: Sie tun, was in der eigenen Kraft liegt, und wenn diese erschöpft ist, dann lassen sie sich helfen. Märchenfiguren, die sich selber nicht engagieren, die nicht ihre ganze Kraft einsetzen wollen, kommen jeweils nur bis ins Wirtshaus, wo sie versumpfen, und wenn sie dann versuchen, dem Märchenhelden den gewonnenen Schatz wegzunehmen, hat dies immer böse Folgen für sie.

Zum Gelingen braucht es also den eigenen, unbedingten Einsatz. Aber auch das Vertrauen von Protagonisten und Protagonistinnen ist beachtlich, denn sie lassen sich helfen, selbst wenn diese Hilfe von außen gesehen gelegentlich etwas sonderbar anmutet. Nun kann man sich natürlich fragen, ob die Notsituation nicht jeweils so groß ist, daß sie mit ihrem Vertrauen nichts zu verlieren haben. Aber auch wenn dem so ist: Letztlich ist Vertrauen vorhanden. Der Held oder die Heldin eines Märchens steht für eine Haltung, die in einer ganz bestimmten kritischen Situation zu einem Gelingen im Leben führen kann.

Was bewirkt das Gelingen im Märchen in uns?

Märchen beleben innere Bilder und damit Emotionen, besonders wenn wir sie uns bildhaft vorstellen. Das heißt: Märchen sollten nicht einfach nur gelesen, sie sollten vorgelesen werden. Wir sollten Märchen auch imaginieren. Unsere Vorstellungskraft ist eine wunderbare Ressource, je mehr Vorstellungskraft wir haben, je mehr Phantasien wir entwickeln können, um so weniger sind wir festgelegt in unseren Anschauungen[2] und um so eher können wir auch etwas verändern in unserem Leben, können wir uns auch wandeln. Das bedeutet, daß die Märchen, wenn wir das Augenmerk auf das Gelingen legen, in uns ganz besonders den Hoffnungsaspekt wecken.

Aber nicht nur das bildhafte Erleben der Märchen bringt Anreize zum gelingenden Leben, auch wenn wir zu verstehen versuchen, zu deuten versuchen, warum den Märchenhelden das Leben gelingt, fördern wir unser eigenes Gelingen. Ein Märchen zu deuten heißt, im Spiegel des Märchens über das eigene Leben nachzudenken. Beim Interpretieren gibt es verschiedene Möglichkeiten: In der Regel wird man von einem Protagonisten oder einer Protagonistin ausgehen und dann die weiteren vorkommenden Personen als Persönlichkeitszüge von ihm oder von ihr auffassen – das entspricht der Deutung auf der Subjektstufe.[3] Wir können aber auch auf der sogenannten Objektstufe deuten und vor allem die Beziehungen zwischen dem Protagonisten oder der Protagonistin und anderen auftretenden Gestalten so betrachten, als ob es sich um ganz alltägliche zwischenmenschliche Beziehungen handeln würde.

In den nun folgenden Märchendeutungen werde ich mich vor allem darauf konzentrieren, was Leben gelingen läßt und was diesem Gelingen entgegensteht.

# Der Teufel mit den drei goldenen Haaren – oder: Gelingen heißt, das Verteufelte ins Leben zurückzubringen

## *Der Teufel mit den drei goldenen Haaren* [4]
(1. Teil)

Es war einmal eine arme Frau, die gebar ein Söhnlein, und weil es eine Glückshaut um hatte, als es zur Welt kam, so ward ihm geweissagt, es werde im vierzehnten Jahr die Tochter des Königs zur Frau haben. Es trug sich zu, daß der König bald darauf ins Dorf kam, und niemand wußte, daß es der König war, und als er die Leute fragte, was es Neues gäbe, so antworteten sie «es ist in diesen Tagen ein Kind mit einer Glückshaut geboren: was so einer unternimmt, das schlägt ihm zum Glück aus. Es ist ihm auch vorausgesagt, in seinem vierzehnten Jahre solle er die Tochter des Königs zur Frau haben.» Der König, der ein böses Herz hatte und über die Weissagung sich ärgerte, ging zu den Eltern, tat ganz freundlich und sagte «ihr armen Leute, überlaßt mir euer Kind, ich will es versorgen.» Anfangs weigerten sie sich, da aber der fremde Mann schweres Geld dafür bot und sie dachten «es ist ein Glückskind, es muß doch zu seinem Besten ausschlagen», so willigten sie endlich ein und gaben ihm das Kind.

Der König legte es in eine Schachtel und ritt damit weiter, bis er zu einem tiefen Wasser kam: da warf er die Schachtel hinein und dachte «von dem unerwarteten Freier habe ich meiner Tochter geholfen.» Die Schachtel aber ging nicht unter, sondern schwamm wie ein Schiffchen, und es drang auch kein Tröpfchen Wasser hinein. So schwamm sie bis zwei Meilen von des Königs Hauptstadt, wo eine Mühle war, an dessen Wehr sie hängenblieb.

Ein Mahlbursche, der glücklicherweise da stand und sie bemerkte, zog sie mit einem Haken heran und meinte große Schätze zu finden, als er sie aber aufmachte, lag ein schöner Knabe darin, der ganz frisch und munter war. Er brachte ihn zu den Müllersleuten, und weil diese keine Kinder hatten, freuten sie sich und sprachen «Gott hat es uns beschert.» Sie pflegten den Findling wohl, und er wuchs in allen Tugenden heran.

Es trug sich zu, daß der König einmal bei einem Gewitter in die Mühle trat und die Müllersleute fragte, ob der große Junge ihr Sohn wäre. «Nein», antworteten sie, «es sei ein Findling, er ist vor vierzehn Jahren in einer Schachtel ans Wehr geschwommen, und der Mahlbursche hat ihn aus dem Wasser gezogen.» Da merkte der König, daß es niemand anders als das Glückskind war, das er ins Wasser geworfen hatte, und sprach «ihr guten Leute, könnte der Junge nicht einen Brief an die Frau Königin bringen, ich will ihm zwei Goldstücke zum Lohn geben?» – «Wie der Herr König gebietet», antworteten die Leute und hießen den Jungen sich bereit halten. Da schrieb der König einen Brief an die Königin, worin stand «sobald der Knabe mit diesem Schreiben angelangt ist, soll er getötet und begraben werden, und alles soll geschehen sein, ehe ich zurückkomme.»

Der Knabe machte sich mit diesem Brief auf den Weg, verirrte sich aber und kam abends in einen großen Wald. In der Dunkelheit sah er ein kleines Licht, ging darauf zu und gelangte zu einem Häuschen. Als er hineintrat, saß eine alte Frau beim Feuer ganz allein. Sie erschrak, als sie den Knaben erblickte, und sprach «wo kommst du her und wo willst du hin?» – «Ich komme von der Mühle», antwortete er, «und will zur Frau Königin, der ich einen Brief bringen soll: weil ich mich aber in dem Wald verirrt habe, so wollte ich hier gerne übernachten.» – «Du armer Junge», sprach die Frau, «du bist in ein Räuberhaus geraten, und wenn sie heimkommen, so bringen sie dich um.» – «Mag kommen, wer will», sagte der Junge, «ich fürchte mich nicht; ich bin aber so müde, daß ich nicht weiter kann», streckte sich auf eine Bank und schlief ein. Bald hernach kamen die Räuber und fragten zornig, was da für ein fremder Knabe läge. «Ach», sagte die Alte, «es ist ein unschuldiges Kind, es hat sich im Walde verirrt, und ich habe ihn aus Barmherzigkeit aufgenommen: er soll einen Brief an die Frau Königin bringen.» Die Räuber erbrachen den Brief und lasen ihn, und es stand darin, daß der Knabe sogleich, wie er ankäme, sollte ums Leben gebracht werden. Da empfanden die hartherzigen Räuber Mitleid, und der Anführer zerriß den Brief und schrieb einen anderen, und es stand darin, so wie der Knabe ankäme, sollte er sogleich mit der Königstochter vermählt werden. Sie ließen ihn dann ruhig bis zum anderen Morgen auf der Bank liegen, und als er aufgewacht war, gaben sie ihm den Brief und zeigten ihm den rechten Weg. Die Königin aber, als sie den Brief empfangen und gelesen hatte, tat, wie darin stand, hieß ein prächtiges Hochzeitsfest anstellen, und die Königstochter ward mit dem Glückskind vermählt; und da der Jüngling schön und freundlich war, so lebte sie vergnügt und zufrieden mit ihm.

\* \* \*

## Das Versprechen auf eine bessere Zukunft

Dieses Märchen verheißt gleich am Anfang, daß das Leben des Märchenhelden gelingen wird, denn das Kind armer Leute kommt mit einer Glückshaut auf die Welt, und es wird ihm geweissagt, es bekomme die Tochter des Königs zur Frau. Das heißt, dieses Kind wird reich werden, und es wird vor allem im herrschenden System eine sehr große Rolle spielen. Ihm ist also der größtmögliche Aufstieg versprochen, alles, was es tun wird, ist zu seinem Glück und wahrscheinlich auch zum Glück des Kollektivs, dem es angehört. Mit der

Geburt dieses Kindes ist ein grundsätzliches Versprechen auf eine bessere Zukunft hin verbunden.

Von einer Glückshaut oder einer Glückshaube spricht man, wenn die Eihaut bei der Geburt erst in letzter Minute gesprengt wird. Normalerweise wird diese Eihaut im Verlauf des Geburtsvorganges abgestreift. Geschieht das nicht, bedeckt sie wie ein Häubchen das Gesicht des Neugeborenen und muß schnell weggenommen werden, damit das Kind überhaupt atmen kann. So eine Glückshaube kommt nicht allzuoft vor und ist deshalb natürlich im Volksglauben deutungsbedürftig. Das Kind war in Gefahr zu ersticken, ist also dem Tod entronnen – daher ist mit der Glückshaube wohl die Idee verbunden worden von einem Kind, das ein spezielles Schicksal hat. In der isländischen Mythologie[5] sind Kinder, die mit einer Glückshaut geboren werden, von einem guten mütterlichen Geist geschützt, in diesem Verständnis bedeutet die Eihaut einen mütterlichen Schutz. Und das ist bei dem Glückskind in unserem Märchen auch so.

Im Märchen ist es ganz klar ausgedrückt: Weil das Kind diese Glückshaut hat, wird es Glück haben, wird es ein gutes Schicksal haben. Und da es dies weiß, hat es auch ein gutes Selbstbewußtsein. Dieses zeigt sich zum Beispiel, wenn der Junge bei der alten Räubersfrau sagt: «Mag kommen, wer will, ich fürchte mich nicht, ich bin aber so müde, ich muß schlafen.» Das ist schon eine sehr selbstbewußte Reaktion, auf die Information hin, er sei vom Tod bedroht, einfach zu schlafen. Es ist sehr vertrauensvoll und durchtränkt vom Eindruck, daß ihm nichts Böses geschehen kann. Natürlich könnte es sich bei ihm auch um einen «Kontraphobiker» handeln, der die Angst verleugnet, aber das glaube ich hier weniger[6], das Märchen zeigt ja dann auch, daß sein Verhalten richtig war.

Man hat dem Jungen gesagt, daß er ein besonderes

Schicksal haben wird, und dementsprechend benimmt er sich. Das können wir auch verallgemeinern: Kinder, die unter irgendeinem «besonderen Zeichen» geboren sind, das heißt, an die von Geburt an von außen besondere Erwartungen herangetragen werden, benehmen sich entsprechend. Solche Erwartungen können einerseits eine Hilfe sein, andererseits zu einer Last werden. Eine Hilfe sind sie, wenn sie, wie im Märchen, das (Selbst-)Vertrauen fördern, eine schlimme Last, wenn man ihnen nicht gerecht werden kann. Noch vor nicht langer Zeit war eine solche Erwartung, daß ein Sonntagskind im Leben mehr Glück haben würde als ein Werktagskind.

## Die Gefährdung

Im Märchen haben wir, wie im Leben auch, nicht nur das große Versprechen auf eine bessere Zukunft hin, nicht nur das Versprechen, daß dieses Kind ganz besonders sein wird, sondern es konstelliert sich gleich auch das erste Problem: Der König mit dem bösen Herzen taucht auf. Dieser König mit dem bösen Herzen, das ist der Neider, das ist der Gegenspieler, der Konkurrent, der nicht abgelöst werden will, wohl insbesondere nicht von einem Menschen mit einer so niederen Herkunft. Er kann keine Wandlung akzeptieren. Und keine Wandlung zu wollen ist im Märchen immer das Zeichen eines nicht gelingenden Lebens. Gelingendes Leben verweigert sich nicht der Wandlung.

Der König mit dem bösen Herzen gleicht Herodes, der seinen Thron durch das Jesuskind bedroht sah. Es gibt noch viele andere Könige in Märchen und Mythen, die nicht abgelöst werden wollen. Sie gehören geradezu zum Mythologem vom «göttlichen Kind»[7]: Wird ein besonderes Kind geboren, zum Beispiel Jesus, dann treten sofort auch die Bösen auf, Menschen oder Dämonen, die dieses Kind verderben wollen. Gelingt ihnen dies, ist das Kind eben kein göttliches Kind, gelingt es ihnen nicht, so hat es sich als ein göttliches Kind erwiesen. Und die Rettung dieses Kindes ist dann das Zeichen, daß von ihm eine große Veränderung ausgehen wird. Von Krishna wird erzählt, daß ihm die Dämonen ungeheuerlich nachgestellt haben, so sehr, daß er als Mädchen verkleidet an einen andern Ort gebracht werden mußte. Das haben die Dämonen herausbekommen, und irgendwann ist in seinem Versteck eine Amme aufgetaucht, die aber eine verkleidete Dämonin war. Krishna wußte das und sog ihr alle Milch aus, bis sie tot war. In dieser und ähnlicher Art müssen die göttlichen Kinder mit Dämonen umgehen. Das Mythologem vom göttlichen Kind symbolisiert letztlich die Hoffnung auf Wandlung trotz aller Gefährdung.

Die Gefährdung des besonderen Kindes können wir in sehr vereinfachter Form auch als Struktur im Alltagsleben sehen: Sobald ein Mensch etwas Besonderes an sich hat, vielleicht begabt ist zu besonderen Leistungen oder sich durch besondere Schönheit auszeichnet, dann tauchen sehr schnell Menschen auf, die schaden möchten. Meistens ist das Schadenwollen maskiert, möglicherweise sogar unter dem Deckmantel des Hilfsangebotes. Neid ist sehr rasch vorhanden, wenn ein Mensch etwas Überdurchschnittliches an sich hat.

Die Dynamik von Hoffnung und Gefährdung kann man aber auch intrapsychisch verstehen. Wird in uns selbst etwas Neues erfahrbar, dann können wir in der Regel nicht freudig diesem Neuen nachgehen, sondern alles Alte in uns wird plötzlich aktiviert und führt zu den bekannten Mechanismen: Man denkt, man habe eigentlich eine faszinierende Idee, und dann fällt einem ein, weshalb diese nie zu realisieren sei, was alles dagegen spricht. Je unbewußter wir darüber sind, daß wir diese alten Könige, die das Neue töten, das heißt Wandlung verhindern wollen, auch in uns selbst haben, um so mehr werden sie uns sabotieren. Dann geschieht es, daß wir sehr große Freude verspüren über eine Idee, die uns ergriffen hat – und im nächsten Moment werden wir depressiv, weil wir vom Gefühl befallen werden, es gehe ja doch nicht.

## Der Zwischenbereich

Der König möchte das Kind, das für ihn eine Bedrohung darstellt, von den Eltern erwerben, um ihm eine bessere Erziehung zu geben, wie er sagt. In Wirklichkeit will er es töten. Die Eltern, die ihm das Kind nach anfänglichem Zögern einfach verkaufen, sie haben mehr Vertrauen in den Schicksalsspruch als in den Schutz, den sie dem Kind geben könnten. Sie sagen sich wohl, daß es Glück haben werde, was immer man mit ihm anstellt. Würden, auf ein normales Leben übertragen, Eltern ihr Kind einfach weggeben, es verkaufen, weil sie überzeugt davon sind, daß das Kind in jedem Fall Glück haben werde, müßten wir bei diesem mit schwersten Entwicklungsstörungen rechnen. Nicht so in der Bildersprache des Märchens.

Der König wirft die Schachtel mit dem Kind ins Wasser. Die Schachtel ist ein Bergendes, sie ist aber auch sein Sarg, und sie ist sein Boot. Wir haben es hier mit dem Motiv des ausgesetzten Kindes zu tun, und das ist ein sehr dynamisches Motiv: Es wird etwas in Bewegung gesetzt. In dieser Schachtel wird das Glückskind an einen neuen Lebensort getragen.

Es ist das Bild einer klassischen Übergangssituation, wie wir sie auch von den Übergangsritualen kennen. Van Gennep unterschied dabei drei Stadien: zunächst die Trennungsriten, die der Ablösephase entsprechen, dann die Schwellen- beziehungsweise Umwandlungsriten, in denen die Umstrukturierung stattfindet, und schließlich die Angliederungsriten, die einer Integrationsphase entsprechen.[8] Das Kind ist nicht mehr am alten Ort, aber auch noch nicht am neuen Ort. Die Schachtel wird vom Fluß, vom Lebensfluß, bewegt. Das Kind selber kann nichts machen, es muß nichts machen, und trotzdem geht das Leben weiter, geht die Entwicklung weiter. Es geht um die Phase der inneren Umstrukturierung, die man symbolisch auch als Tod verstehen kann. Gelingen heißt hier, sich dem Fluß des Lebens zu überlassen. Im richtigen Zeitpunkt wird die Schachtel gesichtet und aufgefischt: Ein neuer Lebensabschnitt beginnt.

## Konsolidierung und neuer Aufbruch

Ein Mahlbursche sieht die Schachtel im Wehr der Mühle und zieht sie mit einer großen Erwartung heraus: Er hofft auf reiche Schätze – statt dessen findet er das Kind. Dieses Glückskind wird von jetzt an immer mit großer Erwartung empfangen werden.

In den Märchen sind die Mühlen sehr wichtig, weil man früher das Korn mit Hilfe von Wasser und einem damit getriebenen Mühlrad gemahlen hat. Hier wurde das lebensnotwendige Mehl hergestellt. Die Mühle ist symbolisch gesehen ein Ort, wo etwas zum Leben Notwendiges gewandelt wird. Was heißt das für das Glückskind? Es findet nun die zweiten Eltern; auch das gehört zum Mythologem des göttlichen Kindes[9]: Das göttliche Kind stammt von göttlichen Eltern und wird dann ein zweites Mal in eine ganz normale Familie hineingeboren. Im Märchen sind es oft einfach zwei Elternpaare, die sich nacheinander um das Kind kümmern. Max Lüthi[10] hat den Aufenthalt des göttlichen Kindes beim zweiten Elternpaar als Auferstehungssymbol gesehen. Das kann man auch hier so verstehen: Der König wollte das Glückskind verderben, es schien schon zum Tode verurteilt, doch statt daß es stirbt, kann es jetzt in Ruhe aufwachsen, und zwar ohne diese Glückskind-Erwartung. Wäre es bei seinen ersten Eltern aufgewachsen, hätte es vielleicht zuviel Glückskind-Erwartung auf sich gezogen.

Aber so leicht gibt ein König sich nicht geschlagen. Als das Glückskind vierzehn Jahre alt ist, sieht es der König, der zufällig an der Mühle vorbeikommt. Im Gespräch mit den Müllersleuten wächst in ihm der Verdacht, daß dieser Knabe das Glückskind sei, das er einmal verderben wollte, und er will es nun endgültig aus der Welt schaffen. Der Junge soll der Frau Königin einen Brief bringen, in dem sein Schicksal besiegelt ist.

Wenn wir die Wegsymbolik betrachten, geht es jetzt erneut um einen Aufbruch. Mit seinen vierzehn Jahren soll er nicht mehr länger bei den Ersatzeltern in der Mühle bleiben, sondern er soll zeigen, was in ihm steckt, es soll sich zeigen, ob er wirklich ein Glückskind ist.

Die Bedrohungen stellen sich im Märchen immer dann ein, wenn ein neuer Entwicklungsschritt ansteht. Wieder gelangt das Glückskind in einen Zwischenbereich, der auch ein Übergangsbereich ist, diesmal in den Wald, in dem die Räuber leben. Zwischen ihnen und dem König besteht eine große Ähnlichkeit, doch sind die Räuber menschlicher. Sie stehen für das Prinzip «Gier». Sie verkörpern die aggressiven Kräfte eines Systems, die eigentlich für Veränderung sorgen müßten, die aber destruktiv wurden, weil sie verdrängt worden sind. Statt die Aggression konstruktiv für eine Veränderung einzusetzen, wird sie zum Rauben gebraucht. Sie stiehlt die positiven Energien. Diese Räuber symbolisieren also die Aggression, die zerstörerisch geworden ist, weil sie abgespalten wurde. Wenn man die Veränderungsenergie nicht für Veränderungen braucht, wird sie zur Zerstörungsenergie. Stimmt die Hypothese, daß der König sich nicht wandeln will, daß er den Fortgang des Lebens aufhalten und seine Macht um jeden Preis behalten will, dann sind die Räuber ein Bild für Kräfte, die ursprünglich dazu bestimmt waren, Veränderung zu bewirken, die aber nun verdrängt sind. Interessant ist, daß diese Räuber sehr gebildet sind, daß sie lesen und schreiben können, was in den Märchen ja nicht selbstverständlich ist. Vielleicht sind diese verdrängten Energien auch so etwas wie ein «Kulturtrieb».

Ein Bild für den Ort, wo das Verdrängte «lebt», ist oft der Wald. Von dort aus wirkt das Verdrängte dann in einer destruktiven Weise: die «Veränderungsaggression» ist pervertiert zu einer machtvollen «Übergriffsaggression». Den Wald kann man hier als Symbol für einen ausgegrenzten Seelenbezirk sehen. Die Menschen leben gewöhnlich nicht im Wald. Er birgt und verbirgt Leben. Da gibt es Pflanzen, Tiere, ein ziemlich wild wucherndes Wachstum ist hier anzutreffen. In der Mythologie ist der Wald ein Bereich der Großen Mutter, und zwar der Großen Mutter als Herrin der Pflanzen und der Tiere. Und da wohnen die Räuber.

Das Glückskind macht sich mit dem Brief auf den Weg und verirrt sich nachts im Wald. Es folgt einem Lichtschimmer und gelangt zu dem Häuschen, in dem die Räuber wohnen. Dort trifft der Junge aber nur eine alte Frau, die vor dem Feuer sitzt. Sie stellt ihm die Fragen, die in den Märchen normalerweise die alten Weisen stellen. Es sind die Fragen nach dem «Woher», nach dem «Wohin» und nach dem «Warum», nach der Absicht. Und sie warnt ihn vor der Gefahr. Hier fällt nun dieser wunderschöne Satz: «Ich fürchte mich nicht, aber ich bin so müde, daß ich schlafen muß.» Das Glückskind ist in Lebensgefahr, und gerade dann muß es schlafen.

Wir können das Vertrauen in die alte Frau als Vertrauen in das Mütterliche sehen und auch als Vertrauen in sein gutes Schicksal, das der Knabe einfach auf jede Situation überträgt. Das gibt ihm eine große Gelassenheit. Übertragen wir diese Situation auf einen heutigen jungen Menschen, dann könnten wir uns vorstellen, daß dieser Mensch im Zug seiner Entwicklung in eine Phase gelangt, die man als «Inkubationsphase» bezeichnen könnte, in der er oder sie etwas ausbrütet. Es ist eine psychische Inkubationsphase, während der man recht eigentlich schläft. Von außen hat man den Eindruck, daß kaum etwas geschieht. Da dämmert jemand ein bißchen vor sich hin, und in dieser Zeit kommt er oder sie innerlich mit seinen oder ihren wilden, aggressiven Seiten in Kontakt. Das kann bedrohlich sein, wenn man nicht den richtigen Umgang hat mit diesen aggressiven Energien. Der Knabe identifiziert sich nicht, er will kein Räuber werden, der sich aggressiv über das Recht hinwegsetzt. Er versucht sich auch nicht vor ihnen zu schützen. Im Schlaf kommt er in Kontakt mit ihnen.

Die Räuber kommen nach Hause, als er schläft. Sie lesen den Brief, und sie schreiben ihn um. Das Glückskind soll nicht sterben, sondern die Königstochter heiraten. Das können wir so verstehen, daß der Junge am Morgen eine aggressive Entschlossenheit zum Leben hat, aus der Inkubationsphase, dieser Übergangsphase, herauskommt und plötzlich weiß, daß der König ihm das Leben absprechen will, daß er spürt, wie eine Seite in ihm ihn immer noch verderben will. Daß er sozusagen plötzlich aufwacht mit einem verbrieften Recht auf das eigene Leben und Glück.

Und jetzt stellt sich zum ersten Mal die Erfüllung ein: Die Königin ist offenbar eine Befehlsempfängerin mit sehr viel Macht. Sie richtet die Hochzeit aus, wie befohlen, ohne ihren Mann, sie muß nicht auf ihn warten. Und das junge Paar ist ganz zufrieden, die beiden haben es gut miteinander. – So gut kann es aber nicht lange gehen, denn im Märchen muß sich üblicherweise der junge Mann die Frau verdienen, und das hat das Glückskind noch nicht getan.

\* \* \*

## Der Teufel mit den drei goldenen Haaren
(2. Teil)

Nach einiger Zeit kam der König wieder in sein Schloß und sah, daß die Weissagung erfüllt und das Glückskind mit seiner Tochter vermählt war. «Wie ist das zugegangen?» sprach er, «ich habe in meinem Brief einen ganz anderen Befehl erteilt.» Da reichte ihm die Königin den Brief und sagte, er möchte selbst sehen, was darin stände. Der König las den Brief und merkte wohl, daß er mit einem andern war vertauscht worden. Er fragte den Jüngling, wie es mit dem anvertrauten Briefe zugegangen wäre, warum er einen andern dafür erbracht hätte. «Ich weiß von nichts», antwortete er, «er muß in der Nacht vertauscht worden sein, als ich im Walde geschlafen habe.» Voll Zorn sprach der König, «so leicht soll es dir nicht werden; wer meine Tochter haben will, der muß aus der Hölle drei goldene Haare von dem Haupte des Teufels holen; bringst du mir, was ich verlange, so sollst du meine Tochter behalten.» Damit hoffte der König, ihn auf immer los zu werden. Das Glückskind aber antwortete, «die goldenen Haare will ich wohl holen, ich fürchte mich vor dem Teufel nicht.» Darauf nahm er Abschied und begann seine Wanderschaft.

Der Weg führte ihn zu einer großen Stadt, wo ihn der Wächter an dem Tore ausfragte, was für ein Gewerb er verstände und was er wüßte. «Ich weiß alles», antwortete das Glückskind. «So kannst du uns einen Gefallen tun», sagte der Wächter, «wenn du uns sagst, warum unser Marktbrunnen, aus dem sonst Wein quoll, trocken geworden ist und nicht einmal mehr Wasser gibt.» – «Das sollt ihr erfahren», antwortete er, «wartet nur, bis ich wiederkomme.» Da ging er weiter und kam vor eine andere Stadt, da fragte der Torwächter wiederum, was für ein Gewerb er verstünde und was er wüßte. «Ich weiß alles», antwortete er.» So kannst du uns einen Gefallen tun und sagen, warum ein Baum in unserer Stadt, der sonst goldene Äpfel trug, jetzt nicht einmal Blätter hervortreibt.» – «Das sollt ihr erfahren», antwortete er, «wartet nur, bis ich wiederkomme.» Da ging er weiter und kam an ein großes Wasser, über das er hinüber mußte. Der Fährmann fragte ihn, was er für ein Gewerb verstände und was er wüßte. «Ich weiß alles», antwortete er. «So kannst du mir einen Gefallen tun», sprach der Fährmann, «und mir sagen, warum ich immer hin und her fahren muß und niemals abgelöst werde?» – «Das sollst du erfahren», antwortete er, «warte nur, bis ich wiederkomme.»

Als er über das Wasser hinüber war, so fand er den Eingang zur Hölle. Es war schwarz und rußig darin, und der Teufel war nicht zu Haus, aber seine Ellermutter saß da in einem breiten Sorgenstuhl. «Was willst du?» sprach sie zu ihm, sah aber gar nicht so böse aus. «Ich wollte gerne drei goldene Haare von des Teufels Kopf», antwortete er, «sonst kann ich meine Frau nicht behalten.» – «Das ist viel verlangt», sagte sie, «wenn der Teufel heimkommt und findet dich, so geht dir's an den Kragen; aber du dauerst mich, ich will sehen, ob ich dir helfen kann.» Sie verwandelte ihn in eine Ameise und sprach «kriech in meine Rockfalten, da bist du sicher.» – «Ja», antwortete er, «das ist schon gut, aber drei Dinge möchte ich gerne noch wissen: warum ein Brunnen, aus dem sonst Wein quoll, trocken geworden ist, jetzt nicht einmal Wasser gibt; warum ein Baum, der sonst goldene Äpfel trug, nicht einmal mehr Laub treibt, und warum ein Fährmann herüber und hinüber fahren muß und nicht abgelöst wird.» – «Das sind schwere Fragen», antwortete sie, «aber halte dich nur still und ruhig, und hab acht, was der Teufel spricht, wenn ich ihm die drei goldenen Haare ausziehe.»

Als der Abend einbrach, kam der Teufel nach Haus. Kaum war er eingetreten, so merkte er, daß die Luft nicht rein war. «Ich rieche, rieche Menschenfleisch», sagte er, «es ist hier nicht richtig.» Dann guckte er in alle Ecken und suchte, konnte aber nichts finden. Die Ellermutter schalt ihn aus, «eben ist erst gekehrt», sprach sie, «und alles in Ordnung gebracht, nun wirfst du mir's wieder durcheinander, immer hast du Menschenfleisch in der Nase! Setze dich nieder und iß dein Abendbrot.» Als er gegessen und getrunken hatte, war er müde, legte der Ellermutter seinen Kopf in den Schoß und sagte, sie sollte ihn ein wenig lausen. Es dauerte nicht lange, so schlummerte er ein, blies und schnarchte. Da faßte die Alte ein goldenes Haar, riß es aus und legte es neben sich. «Autsch!» schrie der Teufel, «was hast du vor?» – «Ich habe einen schweren Traum gehabt», antwortete die Ellermutter, «da hab ich dir in die Haare gefaßt.» – «Was hat dir denn geträumt?» fragte der Teufel. «Mir hat geträumt, ein Marktbrunnen, aus dem sonst Wein quoll, sei versiegt, und es habe nicht einmal Wasser daraus quellen wollen, was ist wohl schuld daran?» – «He, wenn sie's wüßten!» antwortete der Teufel, «es sitzt eine Kröte unter einem Stein im Brunnen, wenn sie die töten, so wird der Wein schon wieder fließen.» Die Ellermutter lauste ihn wieder, bis er einschlief und schnarchte, daß die Fenster zitterten. Da riß sie ihm das zweite Haar aus. «Hu! Was machst du?» schrie der Teufel zornig. «Nimm's nicht übel», antwortete sie, «ich habe es im Traum getan.» – «Was hat dir wieder geträumt?» fragte er. «Mir hat geträumt, in einem Königreich ständ ein Obstbaum, der hätte sonst goldene Äpfel getragen und wollte jetzt nicht einmal Laub treiben. Was war wohl die Ursache davon?» – «He, wenn sie's wüßten!» antwortete der Teufel, «an der Wurzel nagt eine Maus, wenn sie die töten, so wird er schon wieder goldene Äpfel tragen, nagt sie aber noch länger, so verdorrt der Baum gänzlich. Aber laß mich mit deinen Träumen in Ruhe, wenn du mich noch einmal im Schlafe störst, so kriegst du eine Ohrfeige.» Die Ellermutter sprach ihm gut zu und lauste ihn wieder, bis er eingeschlafen war und schnarchte. Da faßte sie das dritte goldene Haar und riß es ihm aus. Der Teufel fuhr in die Höhe, schrie und wollte übel mit ihr wirtschaften, aber sie besänftigte ihn nochmals und sprach «wer kann für böse Träume!» – «Was hat dir denn geträumt? fragte er und war doch neugierig. «Mir hat von einem Fährmann geträumt, der sich beklagte, daß er immer hin und her fahren müßte und nicht abgelöst würde. Was ist wohl schuld?» – «He, der Dummbart!» antwortete der Teufel, «wenn einer kommt und will überfahren, so muß er ihm die Stange in die Hand geben, dann muß der andere überfahren, und er ist frei.» Da die Ellermutter ihm die drei goldenen Haare ausgerissen hatte und die drei Fragen beantwortet waren, so ließ sie den alten Drachen in Ruhe, und er schlief, bis der Tag anbrach.

Als der Teufel wieder fortgezogen war, holte die Alte die Ameise aus der Rockfalte und gab dem Glückskind die menschliche Gestalt zurück. «Da hast du die drei goldenen Haare», sprach sie, «was der Teufel zu deinen drei Fragen gesagt hast, wirst du wohl gehört haben.» – «Ja», antwortete er, «ich habe es gehört und will's wohl behalten.» – «So ist dir geholfen», sagte sie, «und nun kannst du deiner Wege ziehen.» Er bedankte sich bei der Alten für die Hilfe in der Not, verließ die Hölle und war vergnügt, daß ihm alles so wohl geglückt war. Als er zu dem Fährmann kam, sollte er ihm die versprochene Antwort geben. «Fahr mich erst hinüber», sprach das Glückskind, «so will ich dir sagen, wie du erlöst wirst», und als er auf dem jenseitigen Ufer angelangt war, gab er ihm des Teufels Rat, «wenn wieder einer kommt und will übergefahren sein, so gib ihm nur die Stange in die Hand.» Er ging weiter und kam zur Stadt, worin der unfruchtbare Baum stand und wo der Wächter auch Antwort haben wollte. Da sagte er ihm, wie er vom Teufel gehört hatte, «tötet die Maus, die an seiner Wurzel nagt, so wird er wieder goldene Äpfel tragen.» Da dankte ihm der Wächter und gab ihm zur Belohnung zwei mit Gold beladene Esel, die mußten ihm nachfolgen. Zuletzt kam er zu der Stadt, deren Brunnen versiegt war. Da sprach er zu dem Wächter, wie der Teufel gesprochen hatte, «es sitzt eine Kröte im Brunnen unter einem Stein, die müßt ihr aufsuchen und töten, so wird er wieder reichlich Wein geben.» Der Wächter dankte und gab ihm ebenfalls zwei mit Gold beladene Esel.

Endlich langte das Glückskind daheim bei seiner Frau an, die sich herzlich freute, als sie ihn wiedersah und hörte, wie wohl ihm alles gelungen war. Dem König brachte er, was er verlangt hatte, die drei goldenen Haare des Teufels, und als dieser die vier Esel mit dem Golde sah, ward er ganz vergnügt und sprach, «nun sind alle Bedingungen erfüllt, und du kannst meine Tochter behalten. Aber, lieber Schwiegersohn, sage mir doch, woher ist das viele Gold? Das sind ja gewaltige Schätze!» – «Ich bin über einen Fluß gefahren», antwortete er, «und da habe ich es mitgenommen, es liegt dort statt des Sandes am Ufer.» – «Kann ich mir auch davon holen?» sprach der König und war ganz begierig. «Soviel Ihr nur wollt», antwortete er, «es ist ein Fährmann am Fluß, von dem laßt Euch überfahren, so könnt Ihr drüben Eure Säcke füllen.» Der habsüchtige König machte sich in aller Eile auf den Weg, und als er zum Fluß kam, so winkte er dem Fährmann, der sollte ihn übersetzen. Der Fährmann kam und ließ ihn einsteigen, und als sie an das jenseitige Ufer kamen, gab er ihm die Ruderstange in die Hand und sprang davon. Der König aber mußte von nun an fahren zur Strafe für seine Sünden.

«Fährt er wohl noch?» – «Was denn? Es wird ihm niemand die Stange abgenommen haben.»

❊ ❊ ❊

## Das Zurückholen des Verdrängten

Der König kehrt ins Schloß zurück und muß feststellen, daß die Weissagung erfüllt ist und das Glückskind seine Tochter geheiratet hat. Er ist also noch immer bedroht, er will es daher noch immer verderben und schickt es buchstäblich zum Teufel.

Dieser zweite Teil des Märchens könnte auch für sich stehen und würde dann eingereiht unter dem Märchentypus von der übernatürlichen Aufgabe. Übernatürliche Aufgaben haben nur Heldinnen und Helden zu bewältigen, die zu etwas Besonderem ausersehen sind. Der junge Mann muß jetzt also beweisen, daß er der Königstochter wirklich würdig ist und daß es wirklich etwas auf sich hat mit seinem besonderen Glück. Er wird nun mit sehr verschiedenen Aufgaben konfrontiert.

Diese Situation können wir leicht auf den Alltag übertragen: Wird einmal sichtbar, daß jemand besonders begabt ist, dann kommt die Welt und fängt an, diese Begabte oder diesen Begabten mit Aufgaben zu überschütten, möglichst ganz schwierig zu lösenden Aufgaben. Solche begabten Menschen – die natürlich immer jemanden bedrohen, der bisher als besonders begabt galt oder eine gute Stellung innehat – werden dann in Anforderungen ersaufen, wenn sie sich ersäufen lassen. Es gibt Menschen, die sind nicht nur begabt, sondern auch so energievoll, daß sie alle Aufgaben locker erledigen, und es gibt andere, die die Anforderungen kritisch sichten, bevor sie sie anpacken. Diese beiden Typen werden sich nicht ertränken lassen. Es gibt aber auch diejenigen, die sehr begabt sind, die aber selten das Gefühl haben, daß sie wirklich etwas geleistet haben. Man kann dies intrapsychisch so verstehen: Es gibt Menschen, die sagen und zeigen zwar schon, was sie in die Welt gestellt haben, aber sie halten es für nicht wertvoll, weil es ihnen einfach zugefallen ist. Und dann äußert sich in ihnen so etwas wie eine harte Königsstimme, die sagt: «Jetzt mußt du aber auch beweisen, daß du das, was du so leicht erreicht hast, auch wirklich verdient hast!» Sie stellen sich dann selber sehr schwierige Aufgaben. Offenbar herrscht bei vielen begabten Menschen die Grundüberzeugung vor, daß sie das Glück, das ihnen zugefallen ist, auch noch verdienen müssen. Weil sie das Gefühl haben, den weniger Begabten etwas schuldig zu sein, müssen sie irgend etwas für die anderen tun.

Das Glückskind muß, um seine Aufgaben zu lösen, in die Jenseitswelt gehen. Es muß die Lösungen an einem Ort finden, der jenseits liegt von dem, was ihm bisher bekannt war – in der Hölle, sagt das Märchen. Diese Hölle im Märchen wird aber sehr wenig höllenhaft geschildert, eher als eine vernachlässigte menschliche Behausung. Psychologisch gesehen drängt sich der Gedanke auf, daß es sich hier um einen Bereich handelt, in dem man das findet, was verteufelt und aus dem bewußten Leben verdrängt worden ist. Da muß das Glückskind jetzt hin, damit das Verdrängte zurückgeholt werden kann, damit das Leben wieder lebendig wird. Es ist nicht sinnlos, daß der junge Mann in die Hölle gehen muß, denn die verschiedenen Probleme, mit denen er auf dem Weg dorthin konfrontiert wird, zeigen, daß doch nicht alles in Ordnung ist in dieser Lebenssituation, von der es am Ende des ersten Teils heißt: «Und sie lebten vergnügt und zufrieden.» Das Reich wird ja immer noch vom alten König dominiert.

## Der Teufel

Ein Teufel mit goldenen Haaren? Das paßt eigentlich nicht zusammen. Goldträger und Goldträgerinnen sind in den Märchen und Mythen normalerweise mit Sonne, Mond und Sternen verbunden. Es handelt sich bei ihnen also um ausgesprochen lichte Gestalten, die mit dem Kosmos und der Transzendenz in Beziehung stehen. Das Gold in seiner Verbindung zu Sonne, Mond und Sternen zeichnet in den Märchen zudem normalerweise die Protagonisten und die Protagonistinnen aus und bedeutet, daß es letztlich bei ihrer Suchwanderung um ewig gültige Erkenntnis, aber auch um Erleuchtung geht.

Der Teufel in diesem Märchen scheint eine gewisse Naturweisheit zu verkörpern. Er ist ja sehr interessiert an Träumen und zudem auch ein phantastischer Traumdeuter, es geht ihm dabei wirklich um Erkenntnis. Zusammen mit der Ellermutter – seiner Großmutter – stellt er ein Stück Naturweisheit dar, die verteufelt und in die Hölle verbannt worden ist. Fügen wir zur symbolischen Bedeutung des Goldes noch den Aspekt der Unzerstörbarkeit hinzu, dann können wir sagen, daß dieser Teufel Weisheiten vertritt, die unzerstörbar sind, die allgemeingültig sind und immer wieder in Erscheinung treten. Es ist ein instinktives Wissen, das aus der Natur stammt, und gerade deshalb wird es oft verteufelt.

Vielleicht sind die Haare des Teufels gar nicht golden, möglicherweise hat er rote Haare. Rot paßt besser zum Teufel. Es gibt zwar keine Variante dieses Märchens, in dem von wirklich roten Haaren berichtet wird, aber goldfarben und rot sind nah beieinander, es gibt ja auch ein «Rotgold». Rot würde gut passen hier: Rot ist die Farbe der Leidenschaft, der Erregung, der Wut, es ist die Farbe der warmen Emotion, aber auch des Leidens. Solche Eigenschaften sind bis jetzt nicht aufgetaucht in diesem Märchen. Die Eltern haben ihren Buben einfach verkauft, und man hört nichts von einer emotionalen Reaktion. Auch die Leidenschaft ist im Märchen kaum angedeutet: Selbst beim jungen Paar kommt sie nur ganz verhalten zum Ausdruck. Die richtige, warme, leidenschaftliche Leidenschaft könnte also noch beim Teufel sein, und das heißt: verteufelt und verdrängt und mit Schuldgefühlen beladen. Wenn das Glückskind zum Teufel geschickt wird, um die Antworten auf die Probleme zu erhalten, die ihm unterwegs begegnet sind, dann soll es von dort zurückholen, was in dem vom alten König regierten System fehlt. Die Begegnung mit dem Teufel wird es prägen, es wird etwas vom Teufel «angesteckt» werden.

Folgen wir ihm auf dem Weg dorthin. Eigentlich wirkt der junge Mann ziemlich grandios. Zuerst sagt er: «Ich fürchte den Teufel nicht», und das ist ja *der* kontraphobische Satz. Kontraphobisch zu sein meint, daß man eigentlich Angst hat, aber so tut, als ob man überhaupt keine habe. Kontraphobische Menschen tun in der Tat so, als würden sie den Teufel nicht fürchten. Sie verdrängen damit aber auch berechtigte Angst. Kontraphobisch zu sein ist in unserer Gesellschaft ein Wert, ein sehr fragwürdiger Wert allerdings, denn Angst abzuspalten ist gefährlich, weil man sie nicht nutzen kann. Angst ist sinnvoll, sie zeigt uns, wo wir von einer Gefahr ergriffen sind, wo wir uns schützen müssen.[11]

Weiter wirkt der junge Mann grandios, wenn er auf die Frage, was für ein Gewerbe er verstünde und was er wisse, antwortet: «Ich weiß alles.» Grandios nennt man ein solches Verhalten, wenn der Betreffende das, was er zunächst verspricht, nicht einlösen kann, wenn er sich also ganz falsch einschätzt, wenn er sich überschätzt. Wir kennen den Verlauf des Märchens aber und wissen, daß der junge Mann seine Versprechen einlöst. Daher klingt das, was er sagt, zwar grandios, ist es aber nur bedingt. Er ist also unterwegs mit einer Mischung aus sehr gutem Selbstbewußtsein und einer gewissen Selbstüberschätzung und Grandiosität. Weil er am Schluß aber alle seine grandiosen Versprechen einlöst, könnte man doch von einem fast gesunden Narzißmus sprechen. Das Glückskind gehört zu den Menschen, die einige positive Illusionen[12] über sich selbst haben, sich etwas erfolgreicher sehen, als sie sind, und denen gerade darum in der Regel auch sehr viel gelingt.

Wir gehen davon aus, daß dieser junge Mann unter einem sehr negativen Vaterkomplex leidet[13] – der König will ihn zerstören –, im wesentlichen also negative Erfahrungen mit dem Vater und den «Vätern» gemacht hat. Er hat vielleicht gelernt, daß der Vater in jedem Fall dominieren will, der Sohn sich unterwerfen muß und nicht das Recht hat, einen eigenen Weg zu gehen. Oder – und das ist in diesem Märchen wahrscheinlicher – er steht unter der Dominanz einer patriarchalen gesellschaftlichen Ordnung, in der die Erhaltung von Macht und Dominanz der höchste Wert ist. Wenn wir von diesen Voraussetzungen ausgehen, zeigen die zu lösenden Probleme, was in diesem System verloren geht, aber auch, was dem Glückskind, als einem Angehörigen dieses Systems, zunächst verloren geht, was es aber wieder ins Leben integrieren kann. Es steht dann für eine exemplarische menschliche Haltung, die notwendig ist, um das Leben wieder lebendiger werden zu lassen, wobei damit auch das patriarchale System verändert wird.

Interessant ist, daß die Torwächter ihn anders behandeln als der König. Sie machen sich nicht lustig über ihn, sie wollen ihn nicht verderben, sondern sie nutzen seine Fähigkeiten. Wenn er schon alles weiß, dann soll er auch Antworten auf die wirklich großen Probleme finden. Mit drei Problemen wird er konfrontiert.

## *Der ausgetrocknete Marktbrunnen*

Der Weg führt den jungen Mann in eine große Stadt, deren Marktbrunnen ausgetrocknet ist. Marktbrunnen sind zentral gelegene Brunnen, es sind Treffpunkte, an denen die Menschen nicht nur Wasser – hier sogar den Wein – holen, sondern sich auch treffen und miteinander reden, wo also Kommunikation stattfindet. Brunnen fassen oft das Wasser von Quellen, und in der Zeit, als die Märchen aufgezeichnet wurden, haben die Menschen das Wasser meist aus Ziehbrunnen geschöpft, die sehr tief sein konnten. Daher gab es mancherorts auch den Volksglauben, daß ein Brunnen das Diesseits und das Jenseits miteinander verbindet, daß dort sozusagen eine Öffnung ist ins Jenseits. Und das wurde dann auch so verstanden, daß die Kinder aus den Brunnen vom Jenseits ins Diesseits kommen und die Toten durch die Brunnen wieder ins Jenseits zurückkehren können. Symbolisch gesehen, ist der Brunnen daher ein Bild für die Verbindung von Außenwelt und Innenwelt. Im Brunnen wird auch der Überfluß der Mutter Erde als Wasser sichtbar.

Wenn die Verbindung zwischen dem Diesseits und dem Jenseits, zwischen der Außen- und der Innenwelt, wirklich existiert, dann herrscht Überfluß, dann ist das Leben reich. Im Bild des Brunnens, der kein Wasser mehr enthält, ist also ausgedrückt, daß das Leben arm ist, daß es nicht mehr lebendig ist. Der ausgetrocknete Brunnen drückt auch aus, daß der König sich nicht wandeln will. Das Wasser, das in den Brunnen fließt, ist Wasser, das in Bewegung ist, es ist ein Symbol für das Leben als ständige Wandlung, als ständige Veränderung.

Im Märchen geht es aber nicht nur um Wasser, das nicht mehr in den Brunnen fließt, sondern sogar um Wein. Der Wein ist das Getränk des Dionysos.[14] Dionysos ist der Gott der Manie, der Inspiration, der Dichtkunst, des Tanzes, der Begeisterung – einer Begeisterung, die nicht nur Feste hervorbringt, sondern auch Visionen. Und Dionysos ist der Gott der Ekstase: ohne Wein keine Ekstase. Alles, was mit Emotionen, mit Lebendigkeit verbunden ist, fehlt in dieser Stadt. Wir können uns vorstellen, daß das Leben furchtbar langweilig sein muß. Deshalb auch habe ich mich gefragt, ob die goldenen Haare des Teufels nicht eben rote Haare sein könnten. Vom Märchen her gesehen ist der Wein das Getränk der Vornehmen. Die Armen trinken Wasser, die Reichen Wein. Mit diesem Brunnen, der Wein statt Wasser führt, könnte auch ausgedrückt sein, daß die Menschen sich einmal reich gefühlt haben, sich in großem Überfluß gesehen haben. Und die Zeit des Überflusses ist jetzt vorbei.

Aber gehen wir zunächst einfach davon aus, daß kein Wasser mehr fließt: Das bewirkt einen empfindlichen Mangel, die Menschen müssen sich das Wasser für den täglichen Gebrauch anderswo suchen. Symbolisch gesehen, entspricht dem ein sehr unangenehmes Lebensgefühl des Mangels, des Ausgetrocknetseins, der seelischen Dürre und Öde.

Das könnte das eigentliche Problem sein: Wenn ein König regiert, der sich nicht wandeln will, das heißt, wenn die Einstellung eines Menschen oder die dominierende Haltung einer Gesellschaft die ist, daß nur Macht und Reichtum und die Aufrechterhaltung von Macht und Reichtum wichtig sind, dann kann das Leben nicht mehr fließen. Dann ist nichts mehr im Fluß, das Leben wirkt wie ausgedörrt, und es bleibt nur noch die Begierde. Solange das Leben im Fluß ist, müssen wir nicht gierig sein, denn wir sind geprägt von einem Gefühl der Lebensfülle. Gier indessen ist der verzweifelte Versuch, doch noch etwas von der verlorenen Lebendigkeit des Lebens zu erhalten. Deshalb bekommen diese Menschen auch nie genug, denn ihre Begierde richtet sich nicht auf das, was sie wirklich brauchen. Der gierige König verkörpert das Prinzip «Haben». Wenn wir diesen Marktbrunnen als Ausdruck eines Problems unter diesem König sehen, dann heißt das, daß gegen dieses Prinzip «Haben» das Prinzip «Sein», der Austausch von innen und außen, gesetzt werden muß. Anders gesagt: Die Überfülle, die im Leben immer da ist, muß wieder gefaßt werden können.

## Der Baum ohne goldene Äpfel

Das ganze Märchen wirkt etwas grandios: Statt Wasser soll in der ersten Stadt Wein im Marktbrunnen fließen, und eigentlich würde es ja genügen, daß der Apfelbaum in der zweiten Stadt keine Äpfel mehr trägt. Aber es müssen offenbar goldene Äpfel sein, ein weiterer Hinweis auf den ganz besonderen Wohlstand und das besondere Glück, die einmal in diesem Reich geherrscht haben.

In der griechischen Mythologie hat Gaia, die Erdgöttin, Hera zu ihrer heiligen Hochzeit mit Zeus einen Apfelbaum mit goldenen Äpfeln geschenkt. Die heilige Hochzeit von Zeus und Hera sollte den Fortbestand der Welt garantieren. Und die von der Mutter Erde geschenkten Äpfel sollten ihrerseits Liebe und Fruchtbarkeit garantieren, auf ewig garantieren, deshalb sind sie golden. Die goldenen Liebesäpfel sind ein häufiges Symbol in den Märchen. Oft muß ein Prinz goldene Äpfel, die verschwunden sind, wieder beibringen.[15] Das heißt, er muß zeigen, daß er sich mit den Geheimnissen von Eros und Fruchtbarkeit auskennt. Wenn es nun diese Äpfel nicht mehr gibt, dann heißt das, daß es Eros und Fruchtbarkeit nicht mehr gibt. Unter der Herrschaft dieses Königs gibt es offenbar das Versprechen auf Eros, auf Liebe, nicht mehr. Damit gibt es aber auch die Wandlung über Eros und Fruchtbarkeit nicht mehr; die Menschen dieser Stadt können keine Kinder mehr zeugen, es kann nichts Neues mehr entstehen.

Der Baum als solcher dürfte für den Lebensbaum stehen. Dieser ist ein Symbol für das, was im Leben gewachsen ist, was sich im Leben entwickelt hat, ein Symbol aber auch dafür, daß jeder Mensch zu seiner oder ihrer eigenen gewachsenen Gestalt finden muß, in Übereinstimmung mit den Rhythmen der Natur. Trägt der Lebensbaum keine Früchte mehr, sind Liebe und Bezogenheit verlorengegangen. Hat der Baum auch keine Blätter mehr, dann ist das Leben wirklich sehr kahl geworden, sehr öde. Wir haben schon den wasserlosen Brunnen so verstanden: Das Leben ist vertrocknet, unlebendig, und hier kommt noch zusätzlich das Fehlen des Eros hinzu: Das Leben ist ohne Versprechen auf die Zukunft.

## Der Fährmann

Das dritte Problem betrifft den Fährmann, der nicht mehr abgelöst wird. Zur Zeit, als die Märchen aufgeschrieben wurden, gab es noch nicht viele Brücken, und der Fährmann ruderte die Leute von einer Seite des Flusses auf die andere, er verband die beiden Ufer. Oft werden in der Mythologie die Toten von einem Fährmann über einen Fluß ins Totenland gerudert; symbolisch gesehen, verbindet der Fährmann die diesseitige Welt und die jenseitige Welt, die Außenwelt und die Innenwelt. In unserem Märchen kann der Fährmann aber nichts aus dieser Verbindung machen. Er fährt einfach immer hin und her. Er gleicht den Menschen, die zwar jede Nacht ihre Träume aufschreiben, dann aber nichts daraus lernen und keine Einsicht und keinen Gewinn daraus ziehen. Diese Menschen können nichts anfangen mit dem, was sie aus der anderen Welt erfahren, und sie sehen auch keinen Sinn darin, die beiden Welten wirklich miteinander zu verbinden.

Jedes der drei Probleme, die das Glückskind lösen will, handelt davon, daß Diesseits und Jenseits, daß die Verbindung von Bewußtsein und Unbewußtem nicht mehr funktioniert und wiederhergestellt werden muß. Diese fehlende Verbindung ist schuld daran, daß es an Vitalität, an Lebendigkeit, an Eros und Fruchtbarkeit fehlt und daß Gier und das Streben nach Macht und Ansehen dominieren.

## Die Hölle

Das Glückskind gelangt in die Hölle, wo es nur die Ellermutter, die Großmutter des Teufels, in ihrem Sorgenstuhl sitzend antrifft. Die Hel, aus der später die Hölle wurde, war der Lebensraum der germanischen Unterweltsgöttin Hel. Bei den Germanen hatte die Unterwelt nichts mit Sünde und Strafe zu tun, sie war der Teil der Welt, wo die Verstorbenen lebten. Erst im Christentum wurde daraus die Hölle.

In den Märchen ist der Teufel ganz selten allein, wir haben es immer wieder mit einem Paar zu tun: der Ellermutter und dem Teufel. Und das ist ein sehr treffendes Bild für das, was im Christentum geschah, als alles, was nicht hineinpaßte, zur Hölle geschickt wurde. Der Teufel ist ein gestürzter Engel, und mit ihm ist auch die Muttergöttin gestürzt worden, das heißt, alles, was mit der Natur, dem Körper, den Instinkten, dem Weiblichen zu tun hat. Auch die Tiere, die einst zu den Muttergöttinnen gehörten, wie die Maus oder die Kröte, sind in der Regel zu Teufelstieren geworden.

Mit den weiblichen Begleiterinnen des Teufels können Menschen gut umgehen. Es gibt keine Großmutter des Teufels, die nicht sehr hilfsbereit wäre. In den Märchen, in denen der Held in die Hölle gehen muß, fällt immer wieder auf, daß die, die in der Hölle leben, eigentlich sympathischer sind als die am Königshof. Wir haben die Hölle innerpsychisch als den Ort in uns verstanden, wo sich alles Verdrängte befindet. Das, was wir verdrängen, sagt die Bildersprache der Märchen, hat in der Regel durchaus sympathische Seiten, obwohl wir sie gar nicht besonders lieben, sie irgendwie verteufeln. Das Märchen sagt uns auch, daß es in jenem abgespaltenen Bereich eine beschützende, mütterliche Seite gibt, die uns helfen kann.

Im Verhalten des Glückskindes macht sich nun eine große Veränderung bemerkbar. Sagte es zuvor: «Ich weiß alles», so kommt es jetzt zur Ellermutter und bittet um Hilfe. Das können wir so verstehen, daß ein Märchenheld zuerst aus eigener Kraft tut, was er kann – auch wenn es vielleicht ein wenig grandios aussieht –, wenn er aber an seine Grenzen kommt, auf Hilfe vertraut. Er hat Vertrauen in sich, und er hat Vertrauen in die anderen.

Und dieser großartige Kerl wird ausgerechnet in eine Ameise verwandelt! Zum einen ist es natürlich praktisch, in seiner Situation eine Ameise zu sein, aber es steckt mehr dahinter. Die Symbolik gibt uns interessante Hinweise: Die Ameise ist ein kleines Tier, ein unbedeutendes Tier, das ein Symbol ist für Fleiß, Voraussicht und Sinn für Gemeinschaft. Das heißt: Jetzt handelt das Glückskind nicht mehr grandios, auch nicht mehr nur egoistisch, sondern es tut etwas für die Gemeinschaft. Jetzt läßt es sich helfen, holt sich bescheiden die Ideen, um die Probleme zu lösen.

Diese Probleme werden dem Teufel von der Ellermutter als Träume ohne Lösung vorgelegt, sozusagen als ihre Alpträume; sie hat so eine Entschuldigung für die drei goldenen Haare, die sie ihm aureißt. Und der übertölpelte Teufel betätigt sich als hellsichtiger Traumdeuter: Er kennt diese Probleme und auch die Abhilfe. Er nennt das Verborgene, das Grund dafür ist, daß die Menschen so große Probleme haben. Das Wissen um die Innenwelt, um die Träume, scheint ganz an den Teufel und an die Ellermutter delegiert zu sein. Die Verbindung zwischen dem Unbewußten und dem Bewußtsein, die ja im wesentlichen durch die Träume hergestellt wird, ist wirklich unterbrochen, und das ganze Wissen, das durch die Träume ins Bewußtsein gelangen könnte, das Abhilfe schaffen könnte gegen die Sterilität, ist in der Hölle, ist verdrängt, verteufelt.

Der junge Mann wird wieder in seine menschliche Gestalt zurückverwandelt. Er hat sich gemerkt, was er gehört hat, und bedankt sich bei der Ellermutter für ihre Hilfe in der Not. Jetzt ist er auch sehr glücklich, daß er alles so gut gemacht hat; und er ist dankbar. Das ist ein weiterer Unterschied zu seinem früheren Verhalten: War zuvor das Glück sozusagen selbstverständlich, hat er jetzt ein Gefühl dafür, daß er etwas gut gemacht hat. Glück ist jetzt nicht mehr nur eine Verheißung und etwas, das ihm einfach so zufällt, sondern Glück ist etwas, zu dem er beitragen kann.

## Die Lösungen

Der junge Mann gelangt auf seiner Rückreise wieder zur Fähre und gibt dem Fährmann das Wissen des Teufels weiter: Er soll dem nächsten, den er über den Fluß fährt, die Ruderstange in die Hand geben, der dann seinerseits hin- und herrudern muß – einfach die Fähre aufzugeben ist offenbar nicht möglich. Das heißt, es muß eine Instanz geben, die diese beiden Welten miteinander verbindet. Das Glückskind gibt seinen Rat aber erst weiter, als es auf der anderen Seite angelangt ist. Es verläßt sich nicht auf das Glück in einer Situation, die es mit der eigenen Intelligenz bewältigen kann. Auch hier zeigt es sich, daß es bewußter geworden ist. Es vermag nun zu unterscheiden zwischen Situationen, in denen es selbst handeln muß, und Situationen, in denen es auf sein Glück bauen kann. Auch beim Rat, den es dem Fährmann gibt, geht es um das gleiche Thema: Der Fährmann kann nicht einfach warten, bis ihm jemand die Stange freiwillig aus der Hand nimmt. Er muß selbst etwas tun, und er muß lernen, egoistisch zu handeln, er muß lernen, daß er nicht umhin kommt, zu seinen Gunsten einem anderen zu schaden.

Als nächstes gelangt der junge Mann zur Stadt, deren Apfelbaum kein Laub und keine goldenen Früchte mehr trägt. Am Lebensbaum, am Liebesbaum, nagt eine Maus, und im Brunnen in der anderen Stadt sitzt eine Kröte, weiß er jetzt. Maus und Kröte könnten Symbole für den Teufel und seine Ellermutter sein.

Hexen und Teufel erscheinen nach dem Volksglauben in Mausgestalt.[16] Die Maus nagt im verborgenen, sie ist ein Symbol für dieses verborgene Nagen in unserer Seele. Mäuse sind aber auch sehr gefräßig, sie symbolisieren also etwas Gefräßiges, Nagendes im Untergrund. Auch das paßt gut zum Reich des Königs, wo man zwar nicht offen gefräßig ist, wo aber Hochmut herrscht und Gier, wo man so gierig ist, daß sich der König dadurch am Schluß um sein Reich bringt.

Die Kröte, die den Brunnen in der ersten Stadt verstopft, hat im christlichen Volksglauben eine sehr negative Bedeutung, im Mittelalter wurde sie zu einem Symbol für Hochmut, für Wollust und Geiz. Das paßt ganz gut zu diesem Märchen: man muß Hochmut, Wollust und Geiz entfernen, und dann fließt der Brunnen wieder. Im alten Ägypten dagegen war die Kröte der froschköpfigen Geburtsgöttin Heket[17] zugeordnet und ein Symbol für die Auferstehung, für den

Frühling und für neue Fruchtbarkeit. Wie Symbole gesehen werden, hängt immer auch mit der Zeit zusammen, also mit dem Kontext. Die Kröte hat sehr viel zu tun mit dem Verdrängen der Natur und des Weiblichen im Mittelalter, denn auf die Kröte projiziert man leicht das Weibliche. Im Volksglauben wurde die Gebärmutter als Kröte dargestellt; man sieht das noch auf Votivbildern.[18] Ich habe vorhin auch angemerkt, die Kröte könnte ein Bild für die Ellermutter sein in ihrem destruktiven Aspekt, in ihrem verstörenden Aspekt. Wird das Weibliche verdrängt – und mit dem Weiblichen die Natur –, dann zeigt es sich von seiner hemmenden Seite. Mir ist die ägyptische Deutung der Kröte als Symbol der Auferstehung sehr lieb, im alten Ägypten ist das Weibliche nicht so verdrängt und deshalb viel weniger verteufelt worden als bei uns. Insofern ist durch das Symbol der Kröte, die am falschen Ort sitzt, angezeigt, daß es eigentlich um «Auferstehung», um Wandlung ginge, daß dazu aber eine veränderte Einstellung notwendig ist.

All das muß erkannt werden, die Tiere müssen entfernt werden, und sie können auch mit Leichtigkeit entfernt werden. Psychologisch gesehen, muß man sich bewußt werden, was in einem nagt, damit die Verbindung zwischen der Innen- und der Außenwelt, zwischen dem Bewußtsein und dem Unbewußten, wiederhergestellt ist. Dann wird das Leben erneut lebendig. Als Lohn für die guten Ideen, die die Probleme lösen, bekommt das Glückskind vier mit Gold beladene Esel. Die Lösungen sind von größtem Wert für die Menschen, und das Glückskind wird dadurch sehr reich – dies darf allerdings nicht im materiellen Sinn verstanden werden, wie es der König dann tut.

Was hat der Junge eigentlich zurückgebracht? Gold, das heißt: Werte, Energie, inneren Reichtum. Und er hat die Qualität zurückgebracht, die in des Teufels goldenen Haaren liegt, das Verständnis, daß im Verteufelten großes Wissen verborgen ist. Er hat auch die wesentlichen Probleme gelöst, die durch die Herrschaft des machtbesessenen, am Haben orientierten Königs entstanden sind: Der Baum kann wieder Äpfel tragen, aus dem Brunnen wird wieder Wein fließen, der Fährmann ist zufriedengestellt. Der Junge hat eine neue Beziehungsfähigkeit und eine neue Vitalität zurückgebracht, er ist auch weniger grandios. Er weiß jetzt, wann er selber handeln und wann er auf das Glück oder auf Hilfe bauen kann. Er weiß jetzt auch, daß er etwas wirklich gut machen kann. Sieht man in ihm das Modell für den neuen König, für die neue Haltung des (kollektiven) Bewußtseins, dann heißt das, daß es wieder eine (kollektive) Öffnung zum Unbewußten hin gibt, zu den Emotionen hin, zu der Leidenschaft hin, und das ist hier das geglückte Leben.

## Die Eliminierung des Königs

Das Glückskind kehrt reich beschenkt an den Königshof zu seiner Frau zurück. Den alten König gibt es aber immer noch. Nun kann man jeden Menschen mit seiner eigenen Schwäche schlagen. Man muß nur herausfinden, wo jemand die größte Schwäche hat, und dort gezielt ansetzen, dann hat man viel erreicht. Das macht das Glückskind hier im Märchen. Beim König kann man selbstverständlich die Gier ausnützen und seine Habgier und seinen Neid. Er glaubt in seiner Gier ja auch Unglaubliches: Das Gold liege anstelle von Sand am Ufer des Flusses – Gier macht blind für Realitäten. Ohne daß es sich dessen bewußt war, hat das Glückskind das Schicksal des alten Königs vorbereitet. Jetzt setzt es aber sein Wissen gezielt ein. Der Fährmann drückt dem König seine Ruderstange in die Hand. Und der gierige König, die gierigen Seiten, pendeln nun immer zwischen den beiden Ufern, zwischen Bewußtsein und Unbewußtem, hin und her. Wir können diesen Erzählzug dahingehend verstehen, daß das Leben wieder lebendig geworden ist, der alte König vom Königshof entfernt worden ist. Das beruhigt, denn wäre er am Königshof geblieben, müßte man sich ständig fragen, was ihm noch alles einfällt, um das Glückskind zu verderben. Man kann diesen Erzählzug aber auch intrapsychisch verstehen: Hat man nun einmal eine gierige, habgierige, neidische Seite, dann ist es illusorisch zu meinen, daß sie einfach abdanken kann und wird. Dieses Hin und Her zwischen den beiden Ufern würde dann bedeuten, daß diese Seite noch immer vorhanden ist, einmal bewußtseinsnäher, einmal bewußtseinsferner, daß sie aber keine zentrale Rolle mehr spielt.

## *Was das Leben in diesem Märchen gelingen läßt*

Das Märchen sagt uns, daß man ein Glückskind ist, wenn man daran glaubt, eines zu sein. Wenn man Vertrauen hat, daß das eigene Schicksal ein gutes ist, dann wird Leben gelingen, auch wenn es gar nicht so sehr danach aussieht, auch wenn immer wieder Bedrohungen da sind. Und damit stellt sich die Frage: Sind wir vielleicht alle Glückskinder und merken es einfach nicht? – Oder wollen wir es nicht merken?

Dieses Glückskind ist als Ausformung des Archetypus des göttlichen Kindes das Modell eines Menschen, der unter einem sehr günstigen Stern geboren worden ist, dem ein starkes Urvertrauen gegeben ist und das gerade deshalb die «Dämonen» in immer neuen Formen konstelliert, an denen es sich bewähren muß. Das heißt, ein solcher Mensch gerät in schwierige Situationen, denen er aber durch sein Vertrauen in sein gutes Schicksal gewachsen ist. Die «Mütter» sind diesem Kind grundsätzlich günstig gesinnt. Immer wenn es in Gefahr ist, findet sich eine hilfreiche Frau. Die «Väter» sind unterschiedlicher: Die einen wirken unterstützend – der Müller und die Torwächter –, andere sind ambivalent, sie wären bedrohlich, wenn nicht eine «Mutter» vermitteln würde: Die Räuber zeigen sich letztlich als hilfreiche väterliche Gestalten, und besonders der Teufel, der Gegenspieler des Königs, erweist sich durch die Vermittlung der Ellermutter als ausgesprochen hilfreich. Einen wirklichen «Dämon» verkörpert der König.

Was stellt sich gegen das Gelingen? Es gibt immer wieder eine Zeit, in der Neues aufbricht, das viel verspricht. Gegen dieses Neue, Aufbrechende, Hoffnungsvolle steht das Alte, Gewohnte auf und will es zum Schweigen bringen. Im alltäglichen Leben können wir das erleben, wenn wir eine gute Idee haben und dann Kolleginnen und Kollegen uns davon überzeugen wollen, daß das alles überhaupt nicht geht, daß man es erst beweisen muß, usw. Das sind Argumente der alten Könige. Diesen Einwendungen sollte man sich durchaus öffnen, um zu sehen, wo die schwachen Stellen im eigenen System liegen, man sollte sich ihnen aber niemals unterwerfen. Da können wir subjektstufig sehen: Wir dürfen die göttlichen Kinder, die neue Hoffnung, die sich in uns regt, von den alten Königen in unserer eigenen Psyche nicht umbringen lassen. Man läßt sich leicht von all den inneren Königen und Dämonen «umbringen» und unseren Lebensreichtum, unsere Lebensfreude, Vitalität und Hoffnung zerstören, wenn man kein Glückskind ist, das darauf vertrauen kann, daß das Schicksal es letztlich gut mit ihm meint.

Das Märchen sagt uns weiter, daß man das Alte nur lebendig erhalten kann, wenn man sich das, was im System verdrängt wird, immer wieder bewußt macht und neu integriert. Jedes System verdrängt; das ist ein ganz normaler Vorgang, und die Wiederkehr des Verdrängten ist sehr belebend. Der Teufel und die Ellermutter sind ein Paar, das ungeheuer menschlich, weise und mit den Träumen verbunden ist und möglicherweise wirklich um die Naturweisheiten weiß. Die beiden haben sich in die lebensfeindliche Kröte und in die zerstörerische Maus verwandelt, damit das Glückskind endlich auf dieses weise Paar in der Hölle aufmerksam werden konnte.

Das Glückskind geht so seelenruhig in die Welt hinein, weil es nichts zu verlieren hat. Schwierig wird es ja tatsächlich erst, wenn man etwas zu verlieren hat. Dann wird das Loslassen schwierig. Solange man nichts zu verlieren hat, ist das Loslassen ganz einfach. Vielleicht gelingt Leben dann, wenn man, obwohl man viel zu verlieren hat, so lebt, wie wenn man nichts zu verlieren hätte.

## Das Mädchen ohne Hände –
## oder: Gelingen heißt, dennoch an die
## eigene Kompetenz zu glauben

Die Märchen gehen nicht so sehr von guten oder schlechten Elternbeziehungen aus, sondern von der Frage, welches Schicksal der Märchenheld oder die Märchenheldin durchlebt, und dieses Schicksal muß nicht mit der Qualität der Elternbeziehung übereinstimmen. Ist ein Märchenheld mit einer Glückshaut geboren, dann ist es für das Märchen logisch, daß er im Leben Glück haben wird. Es gibt nun aber auch Märchen, bei denen wir zunächst den Eindruck gewinnen, daß Leben auf gar keinen Fall glücken kann, daß es auf gar keinen Fall gelingen kann.

### *Das Mädchen ohne Hände*[19]

Es war einmal ein Wittmann, der hatte eine Tochter, die ist immer zu einer Nachbarin gegangen und hat sich dort kampeln (kämmen) lassen und hat dafür bei der Arbeit geholfen. Die Nachbarin war auch verwitwet. Da sagt einmal das Mädchen zum Vater, er soll doch das Wittweib heiraten, und nach langem Hin und Her hat er sie auch geheiratet.

Die Witwe aber hat auch eine Tochter ins Haus gebracht, und wie die beiden groß und zum Heiraten waren, sind oft Burschen gekommen und haben um die beiden gefreit. Die Tochter des Mannes war aber die schönere, die haben sie der andern vorgezogen, und das hat dem Weib nicht gepaßt. Sie ist nach und nach so eifersüchtig geworden auf ihre Stieftochter, daß sie beschlossen hat, sie umzubringen. Und weil das Mädchen alle Tage ihrem Vater das Essen in den Wald getragen hat, hat sich die Alte mit den Räubern zusammengetan und die dazu überredet, das Mädchen einmal abzufangen und zu töten.

Eines Tages haben die Räuber das Mädchen wirklich angehalten. «Wo gehst Du hin?» – «Ich trage meinem Vater das Mittagessen!» – «So geh nur und komm auf dem nämlichen Weg zurück!» Dem Mädchen ist gleich Angst geworden, es hat zu weinen angefangen. «Was kreischt du so?» fragt der Vater. Aber sie traut sich nichts zu sagen und geht den nämlichen Weg zurück.

Da haben die Räuber sie abgefangen und beraten, was sie mit ihr tun sollten. Weil sie aber so geweint hat, haben sie sie doch nicht umbringen wollen. Sie sollten aber der Alten ein Zeichen bringen, drum hat der eine gemeint: «Wir werden ihr die Augen ausstechen!» Der andere hat gesagt: «Wir werden ihr die Zunge rausreißen!» und der dritte: «Wir werden ihr die Hände abhakken!» Das haben sie dann gemacht: sie haben ihr die Hände abgehackt und haben sie laufenlassen.

Das Mädchen ist lange, lange im Wald herumgeirrt und war schon ganz müde und hungrig. Da ist es endlich zu einem Garten mit vielen Obstbäumen gekommen, und weil es ja ohne Hände das Obst nicht hat herunterreißen können, hat es die Äpfel und Birnen auf dem Baum angebissen.

Der Obstgarten hat aber einem König gehört. Wie der einmal in seinem Garten herumspaziert ist, hat er gesehen, daß alles Obst von unten angebissen war, und hat sich gewundert: was für ein Tier das wohl macht? Abends ist er wieder in den Garten gegangen, und da ist das Mädchen gekommen, und wie der Wind einen Ast zu ihm herbläst, beißts in die Birne. Da hats der König angesprochen und gefragt, wie es denn in den Garten gekommen ist.

Das Mädchen ist sehr erschrocken, aber dann hat es dem König erzählt, wie es ihm im Wald ergangen ist und wie die Räuber ihm die Hände abgehackt haben, wie es nirgends was zu essen hat finden können, bis es zu den Obstbäumen gekommen ist. Der König hat gleich gesehen, daß das Mädchen wunderschön war, und es hat ihm leid getan. So hat ers mitgenommen in sein Schloß, und bald danach hat er es geheiratet.

Nicht lange danach hat der König in den Krieg ziehen müssen, und während er fort war, hat die Frau Zwillinge geboren. Die alte Königin hat aber die Junge nicht leiden können und hat dem König ins Feld geschrieben, sein Weib hätte ihm einen Hund und eine Katze geboren. Und der König hat das geglaubt und hat zurückgeschrieben : «Schaffts das Weib weg!» Da haben sie der jungen Königin ihre zwei Kinder auf die Brust gebunden und haben sie fortgejagt.

Den ganzen Tag ist sie gewandert und ist arg hungrig und durstig geworden. Endlich ist sie an einen Brunnen gekommen und hat gleich trinken wollen, aber da war draufgeschrieben: «Wer daraus trinkt, wird zu einer Hirschkuh!» So ist sie wieder weiter und hat nach einem andern Brunnen gesucht. Dort hat sie sich hinuntergebeugt und getrunken, da ist ihr eins der Kinder ausgerutscht und beinahe ins Wasser gefallen. Sie hat mit ihrem handlosen Arm nachgekrapscht – da spürt sie, wie ihr im Wasser die Hand nachwächst. So hat sie den zweiten Arm eingetaucht und auch die andere Hand zurückgekriegt.

Da war die arme Frau sehr froh und ist wieder weitergewandert, und wie es dunkel wurde, ist sie auf einen Baum gestiegen, um nach einem Licht auszuschauen. Sie hat auch von weitem ein Licht gesehen und ist in der Richtung gegangen und endlich zu einem Haus gekommen. Da war die Türe offen, und drin war der Tisch gedeckt mit Speise und Trank, und weil sie sehr hungrig waren, haben sie sich gleich drüber gemacht und gegessen, und danach haben sie sich schlafen gelegt. Es war auch eine Kuh bei dem Haus und Geflügel, und so haben sie sieben Jahre dort gelebt, ohne daß jemand vorbeigekommen wäre.

Dem König hatte es längst leid getan, daß man seine Frau

fortgejagt hatte. Nach sieben Jahre hat er geträumt, er hätte auf der Jagd seine Frau wiedergefunden. Da hat er sich mit seinem Knecht aufgemacht und ist in den Wald geritten. Er ist auch zu dem Hause gekommen, wo die Frau mit den Kindern war, und hat von ihr Quartier verlangt. Sie hat den König gleich erkannt, aber der König hat sein Weib nicht erkannt, weil sie ja ihre Hände wieder hatte. Sie haben miteinander zu Nacht gegessen, dann haben sich die Gäste gelegt. Das Weib und die Kinder aber haben Federn geschlissen.

Doch dem König sein Knecht ist nicht eingeschlafen, er hat gewacht und gehört, was die Frau mit den Kindern redet. Wie nun der König im Schlaf einen Arm hat herunterhangen lassen, sagt das Weib zu einem der Kinder: «Geh hin und hebe deinem Vater seinen Arm in das Bett!» Der kleine Bub hat den Arm allein nicht heben können, da ist auch der zweite hingegangen und hat ihm geholfen. Dann hat der König seinen Fuß herunterhangen lassen, und wieder sagt die Mutter: «Geh hin und hebe deinem Vater den Fuß ins Bett!» Und wieder hat der zweite helfen müssen. Nach einer Weile hat der König seinen Kopf herunterhangen lassen. Die Frau hat wieder die Kinder hingeschickt, aber die haben den Kopf nicht heben können. Da ist die Mutter selbst hingegangen, hat den König auf die Stirn geküßt und den Kopf ins Bett gehoben.

Am andern Morgen ist der König mit seinem Knecht wieder auf die Jagd gegangen, und unterwegs hat der Knecht ihm erzählt, was er in der Nacht gehört hatte. Da sind sie abends wieder in das nämliche Häuschen zurückgekehrt und haben nochmals um Nachtquartier gebeten. Das Weib hat sie freundlich aufgenommen und hat ihnen ein gutes Nachtmahl gekocht. Nach dem Essen hat sich der König gelegt, hat sich aber nur schlafend gestellt und dabei seine Hand herunterhangen lassen. Da hat er hören können, wie die Frau sagt: «Geh hin und hebe deinem Vater seinen Arm in das Bett!», und weil der eine Bub den Arm nicht hat heben können, hat der andere ihm geholfen.

Danach hat der König wieder den Fuß herunterhangen lassen, und wieder hat die Frau die Kinder hingeschickt. Zuletzt hat der König den Kopf herunterhangen lassen, da ist die Frau selbst gekommen, hat ihn geküßt und ihm den Kopf ins Bett gehoben.

Jetzt hat der König die Augen aufgetan und hat gefragt, woran sie ihn erkannt hätte und ob sie wirklich seine Frau wäre. Da hat sie ihm die Narben an ihren Armen gezeigt, und der König hat sogleich seinen Knecht heimgeschickt um die königliche Kalesche. Dann ist er mit Frau und Kindern heimgefahren, und sie haben fortan glücklich miteinander gelebt.

* * *

## Das schwierige Loslassen

Das Märchen vom Mädchen ohne Hände existiert in vielen Varianten. Die Hände können von allen möglichen Leuten abgeschlagen werden: Es kann der Teufel sein, der Vater, die Stiefmutter, der Bruder, die Schwägerin usw.[20] In allen Varianten folgt auf diese Gewaltanwendung das Irren durch den Wald oder das Leben im Wald, das Finden des Königshofs, eine ganz schnelle Heirat und dann die erneute Gefährdung, die gelegentlich von der Schwiegermutter, manchmal vom Schwiegervater ausgeht; auch der Teufel kann dazwischentreten und Briefe vertauschen. Es besteht aber immer ein Zusammenhang zwischen den Personen, die zu Beginn des Märchens daran beteiligt waren, daß die Hände abgeschlagen wurden, und der Person, die nach der vermeintlichen Rettung wieder neue Schwierigkeiten macht.

An diesem Märchen erschrecken uns zunächst die abgeschlagenen Hände. Dazu gibt es eine Vorgeschichte, die für das Verständnis wichtig ist: Das Märchen beginnt mit einem

Verlusterlebnis. Ein Mann ist Witwer geworden, es bleibt ihm noch eine Tochter; der Mann hat also die Frau, die Tochter hat die Mutter verloren, doch von der Verarbeitung dieses Verlusts hören wir zunächst wenig. Es ist möglich, daß der Vater traurig war, aber wir wissen es nicht. Da er soviel im Wald arbeitet, könnte man sich sogar fragen, ob er vielleicht mit intensiver Arbeit die Trauerreaktion abwehrt. Dieses Märchen ist aber zu karg erzählt, als daß wir daraus Schlüsse ziehen könnten, es ist auch denkbar, daß die Trauer dem Erzähler oder der Erzählerin nicht wichtig war.

Das Märchen schwenkt in der Folge auf die Tochter, und von ihr her wollen wir dieses Märchen zu verstehen versuchen. Das Mädchen hat die Mutter verloren. Die Mutter zu verlieren, bedeutet im Märchen nicht unbedingt einen Verlust durch den Tod, der Verlust kann auch symbolisch verstanden werden und meint dann, daß das Mädchen sich ablösen muß von der Mutter und daß dadurch die Interaktion mit ihr eine andere wird. Die Mutter nimmt eine andere Rolle ein und wird anders erlebt, distanzierter meistens.

Das Mädchen findet schnell eine Ersatzmutter, die muß sie jeweils kämmen. Das Kämmen kann zärtlich sein, es kann auch aggressiv sein, wenn an den Haaren gezerrt wird. Es entsteht aber beim Kämmen immer eine große, meistens weibliche Intimität. Daher gewinnt man den Eindruck, daß das Mädchen nach dem Verlust der Mutter nochmals eine Verbindung zu einer mütterlichen Frau herstellen will, symbolisch gedacht, noch einmal in einen Zustand von Intimität mit etwas Weiblichem kommen möchte.

Das Kämmen hat allerdings nicht nur damit zu tun, daß die Haare geordnet werden, sondern kämmen heißt auch, die Haare schön zu machen, sich selber schön zu machen. Haare haben viel zu tun mit der erotischen Ausstrahlung, aber auch mit Energie und Kraft. Das Mädchen sucht also im Grunde genommen eine Frau, die ihr Schliff im Eros beibringt, ihr versichert, daß sie eine erotisch-weibliche Kraft besitzt, und mit der sie gleichzeitig noch einmal in einer großen Intimität verschmelzen kann. Ob das altersgerecht ist oder nicht, können wir hier nicht feststellen.

Das Mädchen arbeitete stark darauf hin, daß der Vater diese Frau heiratet, daß wieder eine Familie entsteht, und nach langem Hin und Her, sagt das Märchen lakonisch, hat der Vater sie auch geheiratet. Der Vater hat gezögert, dem Mädchen aber war es offenbar wichtig, daß er wieder eine Frau nimmt, und um ihr Ziel zu erreichen, handelt sie sehr energisch und setzt ihn unter Druck. Sie übernimmt fast Elternfunktion für den Vater, indem sie ihm sagt: «Du brauchst wieder eine Frau.»

Das ist etwas sehr Typisches für Ablösesituationen: Statt daß die Ablösung vonstatten geht, statt daß die Kinder in die Autonomie hineingehen, kommen sie noch einmal in die Familie zurück, und da können sie sich notfalls auch versitzen. Kehrt jemand wieder in die Familie zurück, so kehrt er, psychologisch ausgedrückt, in eine Situation der «Wiederannäherung» zurück, und da gibt es natürlich Konflikte. Die Wiederannäherungskonflikte lassen auch hier nicht lange auf sich warten: Eifersucht und Rivalität brechen auf. Wir können uns ohne weiteres vorstellen, daß in einem solchen Familiensystem Rivalität herrscht. Das kennen wir heute von den sogenannten «Patchworkfamilien», in denen es Rivalitätsprobleme gibt im Zusammenhang mit der Abgrenzung und dem Finden der eigenen Identität im neuen Familienverband. Selbstverständlich gehört Rivalität zu jedem Familiensystem. Im Märchen wird der Konflikt aber deutlicher als gewöhnlich: Todeswünsche entstehen daraus.

Wir können Rivalität und Eifersucht auch intrapsychisch verstehen: Dadurch, daß sich das Mädchen nicht ablösen will, dadurch, daß sie ihren altersgemäßen Weg nicht gehen will, wird ihr Mutterkomplex negativ[21], und sie hat plötzlich das Gefühl, keine Daseinsberechtigung mehr zu haben. In dieser Situation wird ihre «Räuberseite» aktiviert, das heißt, Rivalität ist konstelliert in dem Sinne, daß sie denkt, alle anderen seien schöner, begehrenswerter, auch wenn das nicht stimmt; und das hält sie nicht aus. Da entsteht die Idee, statt neiden zu müssen und an der Situation zu leiden, könnte man zerstören. Dieses Zerstören tritt zu Beginn des Märchens in den Vordergrund. Die Räuber verkörpern räuberische Seiten in dem Mädchen, die nehmen, ohne zu bezahlen, die hemmungslos zugreifen. «Zugreifen» tun wir in der Regel mit den Händen. Im Märchen bewirken die Räuber, daß das Mädchen – das Ich – nicht mehr zugreifen kann. Die Räuber sind von der Gesellschaft ausgeschlossen, ausgegrenzt, und deshalb können wir sie als räuberische Seiten in uns selber sehen, die verdrängt sind. Man könnte von einem räuberischen Komplex sprechen, von abgespaltenen, aggressiven Kräften, die destruktiv geworden sind.

Um sich abzulösen, benötigt man die sogenannte Trennungsaggression. Aggression meint, entschlossen auf etwas zuzugehen, im Sinne von: etwas verändern zu wollen, auch Grenzen setzen zu wollen. Beides ist notwendig, um sich abzulösen. Man muß sich von den Eltern auch abgrenzen. Tut man das zu lange nicht, dann verändert sich diese Trennungsaggression ins Destruktive, dann wendet sich die destruktiv gewordene Aggression nach innen, und man wird zum Beispiel selbstdestruktiv, man wird depressiv und sagt sich, daß man auf dieser Welt eigentlich keine Daseinsberechtigung hat. Aber man kann auch destruktiv gegen außen werden: Aus dem «Sich-nicht-verändern-Dürfen» kann sich das Thema des «Nicht-zugreifen-Dürfens» entwickeln. Von den Räubern her, von dieser verdrängten Seite her käme dann ein dem «Nicht-zugreifen-Dürfen» entgegengesetzter Wahlspruch – als Kompensation –, nämlich gierig zugreifen zu müssen und auch zu wollen. Und diese Spannung zwischen dem «Nicht-zugreifen-Dürfen» und dem «Gierig-zugreifen-Wollen-und-Müssen», wirkt in Mutter, Vater und Tochter, sie wirkt im ganzen Familiensystem.

Nach meiner bisherigen Schilderung könnte man sich vorstellen, es gehe nur um eine Ablösung von der Mutter, aber es geht um mehr, es geht auch um die Ablösung vom Vater. Es gibt Varianten dieses Märchens, in denen der Vater der Tochter die Hände abhackt, weil sie ihn nicht heiraten will. Weil der Vater also nicht losläßt, müssen die Hände der Tochter abgehauen werden. Letztlich wird immer unklarer, wer wen nicht losläßt. Sehr deutlich wird indessen, daß in dieser Familie eine zu enge Verbindung besteht. Hier hält man sich zu sehr an den Händen, und deshalb braucht es eine Ablösung auf beide Seiten hin, von der Mutter und vom Vater. Die Hände abzuschneiden ist allerdings eine sehr radikale, brutale Lösung, auch wenn man das Geschehen symbolisch versteht.

Die Tochter begegnet den Räubern, sie spürt die Bedrohung durch diese räuberischen Seiten, geht ihnen dennoch nicht aus dem Weg. Da drängt sich einem das Gefühl auf, daß eine zum Teil unbewußte Faszination vorhanden ist. Wenn eine enge Vater-Tochter-Bindung besteht, werden die jungen Männer, die die Tochter begehren, vom Vater oft als Räuber hingestellt. Für die Töchter sind diese Räuber aber immer faszinierend, weil sie ja im Dienste des Lebens stehen oder zumindest das Leben wieder in Bewegung bringen. Auf seiten der Tochter finden wir im Märchen eine große Ambivalenz: Sie trifft die Räuber, sie merkt, daß hier irgend etwas bedrohlich ist, versucht den Vater dafür zu interessieren, dem Vater ihre Angst zu zeigen. Der Vater wehrt aber die Bedrohung ab, indem er ihre Reaktion nicht wahrnimmt oder nicht wahrnehmen will, sie also verharmlost und das Mädchen sogar lächerlich macht: «Was kreischt du so!»

Wird dieses Märchen im Rollenspiel dargestellt, kommt hier regelmäßig eine Vaterproblematik ins Spiel, ins Gefühl und dann ins Gespräch: die Erfahrung, daß man dem Vater etwas emotional Wichtiges mitteilen will und er dies als hysterisch, als Überreaktion abtut, die er nicht zur Kenntnis nehmen will. Damit bringt er zum Ausdruck, daß er sich mit dieser Verstörung nicht auseinandersetzen mag, und damit ist das Thema der Enttäuschung und des Verrats durch den Vater verbunden. Verraten zu werden ist etwas sehr Unangenehmes, aber es ist oft unumgänglich auf dem Weg des Selbständigwerdens. Würden wir von unseren Eltern nicht verraten werden, würden diese immer genau mitbekommen, was jeweils los ist, wären sie ganz empathisch, dann lebten wir möglicherweise noch im höheren Alter bei ihnen zu Hause. Dieses Verratenwerden, das uns immer empört, erleben wir im Märchen sehr oft, und es führt immer dazu, daß Protagonisten und Protagonistinnen eine Entwicklung durchmachen. – Natürlich ist damit nicht gemeint, daß die Eltern ihre Kinder absichtlich verraten sollten; es wird schon genug von den Kindern als Verrat empfunden, auch ohne daß eine Absicht dahinter steckt. Das geht bis hin zu Jesus am Kreuz, der seinen «Vater» fragt: «Warum hast du mich verlassen?»

Der Vater im Märchen nimmt die Gefühle der Tochter nicht wahr, er hält das Mädchen nicht fest, er schützt sie nicht, auch wenn er vielleicht spürt, daß sie in Gefahr ist. Und da fragt man sich: Hat er denn Hände zum schützenden Festhalten? Offenbar nicht. Die Tochter geht schnurstracks zu den Räubern, möglicherweise im Sinne einer Trotzreaktion, etwa mit der Überlegung: «Es geschieht meinem Vater ganz recht, wenn ich meine Hände abfriere, warum kauft er mir keine Handschuhe?» Oder ist es einfach Naivität?

Dieses Zu-den-Räubern-Hingehen würde symbolisch heißen, daß sie in Kontakt kommt mit den aggressiven Kräften, die zu lange ausgespart wurden und die destruktiv geworden sind. Jedem fällt auf, daß das Mädchen keine entschlossene Frau ist, eine entschlossene Frau hätte sich gefragt, was man in dieser Situation am besten tun kann. Das Mädchen ist in der Tat noch so stark in den Elternkomplexen verhaftet, daß es autoritätsgläubig einem Befehl, den es erhält, auch Folge leisten wird. Und die Räuber erweisen sich – wie im Märchen vom Teufel mit den goldenen Haaren – erstaunlicherweise als Helfer. Wir haben schon gesehen, daß diese abgesprengten Komplexe, wenn man sie erkennt und akzeptiert, wenn man mit ihnen in Kontakt kommt, wichtige Hinweise für den Entwicklungsweg enthalten, auch wenn es im ersten Moment nicht danach aussieht.

Zunächst sind wir ja froh, daß dem Mädchen bloß die Hände abgehackt werden, denn der Befehl war eigentlich, sie zu töten. Wenn wir uns aber auf das Bild der abgehackten Hände konzentrieren, dann wird deutlich, daß wir es hier mit einem sehr beeinträchtigenden Defekt zu tun haben, der ihre körperliche Integrität schwer verletzt.

## Die abgeschlagenen Hände

Was heißt das eigentlich, daß jemandem die Hände abgeschlagen werden? Wenn uns die Hände abgeschlagen sind, dann können wir nicht mehr tun, was in unseren Händen liegt. Aus dem Alltag kennen wir den Ausdruck, daß uns die Hände gebunden sind. Wir sagen auch, daß uns jemand etwas aus den Händen schlägt, oder man streckt die Hände nach etwas aus und bekommt eins drauf. Alle diese Redewendungen können nicht nur im Sinne des Zugreifens und des Festhaltens verstanden werden, sondern auch in Zusammenhang mit Zärtlichkeit. Man kann zärtlich eine Hand ausstrecken, und die Hand wird abgeschlagen. Die abgeschlagenen Hände werden oft in Zusammenhang gebracht mit der Unmöglichkeit zu handeln. Das ist aber viel zu aktiv gedacht. Überlegen wir, wozu wir die Hände brauchen: Viele Kontakte zu anderen Menschen und Dingen stellen wir über die Hände her; den liebevollen Kontakt und den aggressiven Kontakt – der aggressive Kontakt ist in der Regel der lebendigere. Wenn wir sehen, was wir mit den Händen alles «tun» und was an Metaphern mit ihnen verbunden ist, dann wird uns bewußt, als was für ein zentraler Verlust das Abschlagen der Hände erlebt werden muß im alltäglichen Leben. Das Lebensgefühl «Mir wird die Hand abgeschlagen» ist keinesfalls nur eine weibliche Thematik. Mit abgeschlagenen Händen sind einem viele menschliche Möglichkeiten versagt. Jeder kennt in seiner Biographie Situationen, in denen er den Eindruck hatte, daß ihm die Hände abgeschlagen worden sind.

Das Mädchen empfindet bei den Räubern sehr große Angst. Doch gerade in dieser Situation, in der Angst vor diesen Räubern, in der Angst vor deren Aggressivität, anders gesagt, in der Angst davor, sich wirklich ins Leben hinein entwickeln zu wollen, wirklich zupacken zu wollen, erreicht sie eine neue Stufe der Ichentwicklung.

Angesichts der Tatsache, daß ihr die Hände abgeschlagen wurden, entscheidet sich das Mädchen, nicht mehr nach Hause zu gehen. Die schreckliche Erfahrung ist der Auslöser für die Ablösung. Sie bleibt nicht mehr beim Vater, auch nicht bei der Mutter, sie geht in die Selbständigkeit hinein. Hier haben wir eine Situation des scheinbaren, aber nur scheinbaren Nichtgelingens. Vergleichen wir das Geschehen im Märchen mit der psychologischen Theorie, daß Ablösung immer mehr Autonomie und Bezogenheit will, dann können wir uns darüber freuen, daß das Mädchen nicht mehr nach Hause geht, daß sie entschlossen ins eigene Leben hineingeht, wenn auch mit abgehauenen Händen. Zwar ist ihre körperliche Integrität – und das entspricht symbolisch der psychischen Integrität – verletzt, aber sie löst sich ab. Möglicherweise ist das der erste Schritt zum ganz selbstverantworteten und damit zum gelingenden Leben.

Kontakt kann das Mädchen nur noch über die Sprache herstellen, die Kommunikation auf der Körperebene geht zumindest nicht mehr über die Hände, die ganze sinnliche Wahrnehmung könnte gestört sein. Vielleicht kann sie auch das Leben nicht mehr *be*greifen. Sie kann nicht halten, nicht *be*halten, sie kann sich auch nicht wehren. Das Märchen sagt, sie bleibe lange, lange im Wald, die Zeitdauer wird allerdings abgeschwächt, weil das Mädchen nur so lange herumirrt, bis es großen Hunger verspürt. Ich denke, man muß sich das nicht so konkret vorstellen: Man muß sich einen langen Aufenthalt im Wald vorstellen in einem Gefühl der Isolation; und der Hunger, das ist nicht einfach der normale Hunger, sondern ein ganz fundamentaler Hunger nach dem Leben und nach den Menschen.

## Desorientierung und Inkubation

Mit dem Verrat durch den Vater, mit der Verletzung durch die Räuber, das heißt durch die Erkenntnis des Mädchens, was mit ihr los ist, daß sie nämlich keine Hände hat, ist die Trennung eingeleitet worden. Sie verläßt das Elternhaus und macht erste Schritte zur Autonomie. Wir haben wiederum eine Übergangssituation vor uns, wie wir sie von den Übergangsritualen kennen: Das Alte gilt nicht mehr, das Neue ist noch nicht entwickelt. Das Mädchen ist orientierungslos, heimatlos, einsam in der Dunkelheit des Waldes; es hat Angst, fühlt sich bedroht und ist doch geborgen.

Diesen Aufenthalt im Wald, den viele Märchenprotagonisten und -protagonistinnen durchleben und den wir als psychische Übergangssituation bezeichnet haben, sehen wir in der Regel als viel zu harmlos an. Märchenwälder sind meistens undurchdringliche Wälder, in denen man sich nicht mehr orientieren kann, wo man nicht weiß, ob ein Weg hinausführt. In diesen Wäldern zu sein, entspricht einem Zustand der Desorientierung, in dem einem Unheimliches begegnet, wo Angst erfahren wird und doch auch der Schutz und die Geborgenheit durch den Wald erlebt werden kann. Dieser Aufenthalt im Wald kann mit einer Lebenssituation verglichen werden, in der ein Mensch sich sehr verletzt fühlt und von chaotischen Gefühlen überschwemmt wird. In unserem Märchen handelt es sich um die erste Auseinandersetzung mit einer Verlustsituation. Wir können uns zum Beispiel eine Jugendliche vorstellen, die merkt, daß die Mutter neidisch ist auf sie, vielleicht auch eifersüchtig, und daß der Vater nicht bereit ist, auf sie einzugehen. Das Mädchen wird von sich widersprechenden Gefühlen heimgesucht und kapselt sich ab, zieht sich zurück. Sie wird versuchen, sich auf sich selbst zu beziehen und sich selbst zu bleiben bei allem Elend, oder vielleicht gerade wegen des Elends. In Situationen der elenden Verlassenheit spüren wir oft unsere eigene Identität am deutlichsten, weil sie das einzige ist, was noch geblieben ist.

Die Märchenheldin ist getrieben, weiter zu leben, und zwar ohne bewußte Absicht. Sie lebt ohne menschlichen Kontakt, und das ist etwas, was im Märchen immer wieder ausgedrückt wird und was wir aus existentiellen Lebenssituationen ebenfalls kennen: Es gibt Situationen, da sind Menschen vom Leben so sehr zerstört, daß man sich wundert, daß sie weiterleben, und sie sagen: «Nicht ich lebe, sondern es lebt einfach irgendwie weiter.» Es gibt keinen bewußten Entschluß, weiterzuleben, «es» lebt irgendwie, «es» will irgendwie schlafen, «es» will irgendwie essen. Auf einer vegetativen Ebene geht das Leben weiter.

Und das Märchen suggeriert uns, wenn wir es symbolisch betrachten, daß man in dieser Situation in tief unbewußte Schichten versinkt, mit Ängsten konfrontiert wird und sich dennoch getragen fühlt. Über die Gefühle von Märchenheldinnen und Märchenhelden wissen wir ja meistens sehr wenig, und nur wenn man sich hineinversetzt in ihre Situation, wenn man sich imaginativ in sie hineinversetzt, dann fällt einem die ungeheure Einsamkeit auf und gleichzeitig dieses Erleben, daß dennoch etwas Tragendes vorhanden ist. Der Verzicht auf menschlichen Kontakt würde noch einmal auf das Abgekapseltsein verweisen. Die Protagonistin des Märchens hat den Mut, sich dem Wald auszusetzen und sich letztlich die Frage zu stellen, worauf sie sich eigentlich verlassen kann in diesem Leben. Auf die Mutter nicht, auf den Vater auch nicht, auf die Räuber bedingt – auf die aggressiven Kräfte kann sie sich also in einem gewissen Maß verlassen. Aber worauf kann sie sich wirklich verlassen? Und das Märchen gibt eine Antwort: Es gibt so etwas wie einen Kern im Menschen, den man Lebensdrang nennen könnte, es gibt so etwas wie tragendes Leben, unter aller Verzweiflung. Wir sind gewohnt, in diesem Zusammenhang von einem tragenden Unbewußten im vegetativen Bereich zu sprechen. Wichtig dabei ist, das Gefühl zu spüren, daß wir gar nicht immer alles selbst leisten müssen, sondern daß es jenseits von unserem bewußten Wollen und Entscheiden etwas gibt, das uns trägt.

## Der Garten

Man kann natürlich von der Märchenheldin sagen, sie vegetiere irgendwie dahin. Doch da ist ein Drang in ihr, nicht nur am Leben zu bleiben, sondern menschlich zu leben. Dieser Drang äußert sich in ihrem Hunger und in ihrem Durst. Hunger und Durst verstehe ich hier als Begehren, wieder mit dem Leben und mit andern Menschen in Kontakt zu kommen. Und das Mädchen findet dann ja einen Obstgarten. Es ist jetzt den Menschen schon wieder sehr viel näher, möglicherweise mit einem großen Gefühl der Dankbarkeit, daß sie wieder gestaltetes Leben findet.

Im Gegensatz zum Wald ist der Obstgarten bearbeitetes Land, kultiviertes Land. Im Garten ist Übersicht, da kann man pflanzen und ernten. Selbstverständlich denkt man im Zusammenhang mit dem Garten, schon ehe der König auftaucht, an den Paradiesgarten, an Adam und Eva, an Eros. Gärten waren früher Orte der erotischen Verführung, nicht unbedingt Orte der glühenden Leidenschaft, aber eines möglichen Beginns – es gab Lustgärten, in denen die Paare lustwandelten. Äpfel und Birnen gedeihen hier. Sie werden oft auch als Symbole für weiblichen beziehungsweise männlichen Eros gedeutet und auch für die entsprechende Sexualität. Im Hohenlied wird der Geliebte mit dem Apfelbaum verglichen, dessen Frucht süß schmeckt, in der griechischen Mythologie ist der Apfel ein Symbol der Liebe, ein Symbol der Unsterblichkeit – einer Unsterblichkeit im Sinne des Gefühls von «Ewigkeit», das wir in der Liebe erleben, einer Unsterblichkeit aber auch durch das Zeugen neuer Generationen. Und da beißt das Mädchen nun an. Das ist kein vegetativer Drang mehr, sondern ein erotischer Drang zum Leben hin, der über sie kommt, eine erotische Lust. Es gibt den Ausspruch: Da beißt jemand voll ins Leben hinein. Hier ist noch nicht das Bild von einem vollen Biß ins Leben, aber immerhin von Anbeißen. Und der König beißt ja dann seinerseits auch an.

Der König denkt zunächst, es sei ein Tier, das hier seine Früchte anbeißt. Tiere stehen symbolisch für Triebe und Instinkte, für den unbewußten Bereich. Das heißt, daß diese erotische Annäherung noch sehr unbewußt ist. Der König hat zunächst ein schönes «Tierchen» gefunden, und das ist ein Ausdruck aus dem Prostituiertenmilieu: Die Zuhälter haben ihre Pferdchen oder ihre Tierchen. Mit den angebissenen Äpfeln und Birnen bringt das Mädchen ihren Beziehungshunger zum Ausdruck, einen erotischen Hunger, und der König versteht das. Er ist ein Mann, der darauf reagiert, er sagt ihr ja auch sofort, daß sie wunderschön aussieht. Er ist fasziniert und will das Mädchen sofort heiraten.

Ein erster Zirkel des Märchens ist geschlossen: Er begann mit dem Verrat, der großen Enttäuschung, der Orientierungslosigkeit im Wald, mit der tiefen Depression. Dann kam der Hunger, ein erstes Spüren von Interesse am Leben, ein Sich-wieder-Hinwenden zum Leben. Und daraus ergibt sich eine überraschend schnelle erotische Begegnung, die mit dem Bewußtwerden des Weges einhergeht, den das Mädchen zurückgelegt hat: Sie erzählt ihre Geschichte. Es gehört im Märchen oft dazu, daß man die eigene Geschichte erzählt, die Geschichte des eigenen Gewordenseins, und so auch sich selbst erzählt, was eigentlich war. Wir können den Weg, den diese Märchenheldin bis jetzt zurückgelegt hat, psychologisch als Weg der Ablösung vom Vaterkomplex[22] sehen: Enttäuscht hat sie sich zurückgezogen auf ihre weibliche Identität. Im Laufe ihres Lebens im Wald ist weibliche Erotik, weibliche Lust aufgekommen, sie hat Lust, diese ins Leben hineinzutragen, und sie hat jetzt eine Beziehung zu einem väterlichen, fremden Mann.

Im Alltagsleben könnte das etwa so aussehen, daß eine junge Frau in der Ablösungsphase vom Elternhaus, die sich zu sehr gebunden hat – und der man deshalb die Hände abschlägt –, oder jemand, der sich nicht mehr binden kann – der keine Hände mehr hat –, einen Hunger nach Beziehung entwickelt. Ein spielerischer Eros ist da und eine gewisse Lebensgier. Und sie trifft auf einen Mann, der das spürt, vielleicht weil er dieselbe Problematik hat. Sie sprechen miteinander, sie verlieben sich, sie heiraten, sie greifen beide zu.

Vom König her gesehen gibt es zwei Gründe, warum er das Mädchen heiraten könnte: der eine ist Faszination, das Mädchen ist wunderschön, und Schönheit im Märchen bedeutet auch immer ein Versprechen auf eine gute Zukunft. Der andere ist Mitleid – er könnte Mitleid mit Liebe verwechselt haben. Der König ist wahrscheinlich einfühlsam, denn er scheint eine ziemlich ausgeprägte Mutterbindung zu haben: Das Schloß bewohnt er zusammen mit der Mutter, vom Vater ist keine Rede. Er heiratet eine Frau, die fasziniert, die aber in ihrer Hilflosigkeit keine echte Konkurrenz für die Mutter darstellt.

Was das Mädchen betrifft: Sie verhält sich passiv, sie läßt sich heiraten, er könnte ein geliebter Vaterhelfer sein. Frauen, die Hilfe benötigen, bedrohen die Männer nicht, sie sind nicht gefährlich. Das Mädchen ohne Hände heiratet einen väterlich-mütterlichen Mann. Er ist besser als der Vater. Der Vater hat nicht zugehört, der König hört zu. Hand in Hand können sie nicht gehen, so wird sie von ihm wohl eher mitgenommen, oder er führt sie ins Schloß. Möglicherweise wird auch ihre erotische Beziehung zum Vater auf den König übertragen. So bleibt sie aber in der Tochterrolle.

Wenn alle meine Vermutungen stimmen, dann wird in dieser Ehe von beiden noch einiges an Entwicklungsarbeit zu leisten sein.

Das weitere Schicksal des Mädchens ist mit dem des Königs verquickt. Ich werde daher von jetzt an bei der Interpretation vor allem von der Paarebene ausgehen.

## Die erneute Trennung

Die Beziehung ist fruchtbar, das Mädchen ohne Hände bekommt Zwillinge. Bloß: Der König ist während der Geburt im Krieg. Das ist ein für Märchen typisches Motiv: Wenn etwas Wichtiges passiert, ist der König nicht dabei, dann ist er im Krieg. Ganz besonders dann, wenn die Frau ihre Kinder bekommt. Wir können das dahingehend verstehen, daß Kinder gebären wirklich eine Sache der Frauen ist. Daniel Stern hat in einem Vortrag[23] betont, daß die Frauen im Moment des Gebärens und in der ersten Zeit danach nicht den Mann brauchen, sondern die Mutter. Daß der Mann zwar wichtig ist als Partner, daß aber die intime Beziehung zur Mutter in dieser Situation wichtiger ist. Ich denke nicht, daß sich der König im Märchen bereits an die Theorien von Daniel Stern hält. Daß er in den Krieg zieht, könnte auch heißen, daß er selber einen Entwicklungsweg machen muß. Er muß weg von zu Hause, muß eine Distanz zwischen sich, seine Frau und seine Mutter legen, eine Grenze muß gezogen werden. Er muß die Aggression leben, die auch in diesem System ausgespart worden ist. Im Krieg wird der eigene Lebensraum verteidigt. Es ist denkbar, daß der König in dieser Situation wirklich damit beschäftigt ist, den eigenen Lebensraum zu verteidigen. Das Motiv könnte eine Parallele zu der Zeit darstellen, die seine Frau im Walde verbracht hat.

Gleichzeitig widerspiegelt die Situation eine andere Art von Trennung in der Beziehung: Es ist selbstverständlich, daß die Frau nun auch Mutter, daß sie auf die Kinder bezogen ist.

Möglicherweise verursacht das dem Mann viele Konflikte. Er kann vielleicht nicht aushalten, daß seine Geliebte eine Mutter geworden ist, daß er sie teilen muß.

Nun wird die Mutter des Königs aktiv und bringt eine weitere Bedrohung in dieses Märchen hinein. Betrachten wir die Aktivität der Mutter des Königs als intrasubjektives Geschehen, also subjektstufig, können wir sagen, daß in der Situation, in der die Frau selber Mutter wird, auch der negative Mutterkomplex aktiviert wird. Das heißt, die junge Frau hat plötzlich wieder das Lebensgefühl, keine Daseinsberechtigung zu haben. Die zwei Kinder können ihr das Gefühl, einen Sinn im Leben zu haben, nicht geben, denn sie kann für sie nicht sorgen; Zwillinge zu versorgen ohne Hände dürfte sehr schwierig sein. Es wird deutlich: Hier kann die Entwicklung nicht abgeschlossen sein, es muß noch einmal eine weitere, eine entscheidendere Problemlösung gesucht werden.

Vom König aus gesehen, würde es heißen, daß er jetzt nicht mehr selber denken, wahrnehmen, entscheiden kann, sondern daß in ihm das aktiviert ist, was seine Mutter jeweils gedacht und gewollt hat. Wenn wir zu einem Menschen Distanz haben, sehen wir diesen Menschen plötzlich viel negativer, wir lassen Aggressionen zu, die wir sonst verdrängen. In einer solchen Situation können dann «Vertauschungen» vorkommen. Statt daß man die Zwillinge sieht, statt daß man die neuen Lebensmöglichkeiten sieht, die in die Welt gekommen sind, sieht man etwas Entwertetes. Die Mitteilung, daß die Schwiegertochter nicht Kinder, sondern eine Katze und einen Hund auf die Welt gebracht habe, ist eine Entwertung dessen, was in der Beziehung zum König gewachsen ist, was sich aus dieser Beziehung heraus entwickeln konnte. In einer solchen Situation des Entwertetseins kann man nicht bleiben, oder man würde ein großartiges Opfer werden.

66

## Die entscheidende Erfahrung

Das Märchen schwenkt nun wieder auf die Entwicklungsgeschichte der Frau. Am Königshof erlebt das Mädchen den zweiten Verrat. Sie macht noch einmal die Erfahrung, die sie schon kennt: verraten zu sein, ausgestoßen zu sein. Das ist etwas, was uns in Märchen und auch im alltäglichen Leben oft begegnet: Die vertrauten Probleme werden immer wieder neu konstelliert, die gleichen Erfahrungen müssen auf einer anderen Ebene noch einmal gemacht werden. Wenn wir unsere Komplexe ausarbeiten – insbesondere die Ablösung von den Elternkomplexen –, erfolgt immer eine Auseinandersetzung auf einer neuen Ebene. Sind wir unzufrieden mit uns selbst, dann haben wir das Gefühl, daß wir ständig dasselbe Problem zu lösen haben. Sind wir etwas lebensfreundlicher gestimmt, dann sehen wir: Es ist zwar noch dasselbe Problem, aber auf einer neuen Ebene, unter einem neuen Aspekt. Und so sehe ich es auch hier: Es geht um das Verraten- und Ausgestoßensein, aber auf einer höheren Entwicklungsstufe.

Der zweite Teil des Märchens enthält das Motiv «Die verleumdete Frau». Die Genovefa-Legende[24], eine alte Heiligenlegende aus der Zeit um 750 nach Christus, gehört zu dieser Motivgruppe: Graf Siegfried hatte eine Frau, die hieß Genovefa. Diese war schwanger, als er in den Krieg ziehen mußte. Ein Diener, der in Liebe zu ihr entbrannt war, verleumdete sie, weil sie ihn zurückgewiesen hatte. Er schrieb Siegfried, sie habe Ehebruch mit dem Koch betrieben. Daraufhin wurde sie auf die Anweisung des Grafen ins Gefängnis geworfen und sollte hingerichtet werden. Die Diener ließen sie aber am Leben, und sie ging mit ihrem Kind, das sie im Gefängnis geboren hatte, in den Wald hinein und lebte in einer Höhle. Dort säugte eine Hirschkuh das Kind, das nach der Meinung aller aus der Affäre mit dem Koch stammte.

Irgendwann bekam der Graf Zweifel an seinem Handeln. Sieben Jahre später führte ihn eine Hirschkuh direkt in die Höhle, in der sich seine Frau befand, die unterdessen ein Heiligenleben führte und bald darauf starb.

Diese Legende spielt in unser Märchen hinein. Es geht um das Thema der zu Unrecht verleumdeten Frau – und in Analogie zu dieser Legende kann man darauf hoffen, daß auch hier nach einigen Jahren die Wahrheit an den Tag kommen wird. Doch bleibt es unklar, warum die Frau nicht von dem Brunnen trinken darf und weshalb sie eine Hirschkuh werden sollte. Versetzen wir uns in sie hinein, empfinden wir ein Gefühl der Ungerechtigkeit. Sie ist einsam, ist bedürftig, ist überfordert, und jetzt, wo sogar Wasser da wäre, darf sie nicht daraus trinken. Wieder haben wir nicht den Eindruck, daß ihr Leben gelingt. Wir können aber auch eine Interpretation anhand der Symbole wagen:

Die Hirschkuh war das heilige Tier der griechischen Göttin Artemis. Diese hatte einen Wagen, der von vier Hirschkühen gezogen war oder – in einer anderen Variante des Mythos – von Hirschen mit einem goldenen Geweih. Artemis ist die Göttin der Jagd, die Göttin des Waldes, der Berge, des Herumschweifens. Und Artemis ist eine Göttin, die jungfräulich geblieben ist. Jungfräulich sein heißt in den Mythen nicht, daß man keine sexuelle Beziehung zu einem Mann hat, sondern jungfräulich sein meint, daß man von keinem Mann bestimmt wird. Das heißt also nicht, daß keine Sexualität gelebt wird, das ist überhaupt nicht die Frage, sondern es bedeutet, daß diese Frauen eine eigene Identität haben und diese vertreten. Die Artemis von Ephesus, die Vielbrüstige, wird auf Statuen mit vielen Brüsten dargestellt. Darin kommen zusätzlich noch andere Eigenschaften zum Ausdruck, hier ist sie Fruchtbarkeitsspenderin und Muttergöttin. Artemis symbolisiert also einerseits einen wilden Drang nach Unabhängigkeit und das Streben nach der eigenen weiblichen Identität und andererseits nach mütterlicher Fülle und Fürsorge. Würde die junge Frau in eine Hirschkuh verwandelt, dann würde sie vielleicht eine gewisse wilde Freiheit erreichen, sie wäre aber nur mit der einen Seite, der Hirschseite des Artemisischen, identifiziert, wäre keine Frau mehr, kein Mensch mehr, sie könnte nicht mehr in eine menschliche Beziehung eintreten.

Märchen zeigen immer wieder – und das ist etwas ganz Wichtiges, wenn Leben gelingen soll – die Bedeutung des Triebaufschubs. Märchenheldinnen und Märchenhelden, die bei Hunger und Durst gleich essen oder trinken, werden oft in Tiere verwandelt. Der Mensch muß im Märchen zeigen, daß er oder sie auf das Richtige warten kann. Dahinter steckt etwas ganz Tiefsinniges: Es geht um den richtigen Zeitpunkt und die Schwierigkeit, auf den richtigen Moment für eine Veränderung zu warten. In einer schwierigen Lebenssituation haben wir oft das Gefühl, daß die Mühsal ein Ende haben sollte, daß ein Umschwung zum Besseren umgehend erfolgen müsse. Zwei Möglichkeiten gibt es, um den guten Moment zu verpassen: zum einen, indem man gar nicht merkt, daß das Leben es wieder besser mit einem meint, und darauf beharrt, daß es nie mehr besser gehen kann, weil man schon gar nicht mehr spürt, daß es besser geht, und zum anderen, indem man zu früh sagt, es gehe schon wieder besser. Das Gefühl für den richtigen Moment setzt voraus, daß man die Situation sehr genau wahrnimmt und sich selber in der Auseinandersetzung mit dieser Situation spürt. Daß man sehr deutlich die Interaktion zwischen dem, was man zu brauchen meint, und dem, was angeboten ist, sieht.

Es geht im Märchen bestimmt nicht um die moralische Forderung, nicht zu gierig zu sein, sondern es geht wirklich darum, den guten Moment abzuwarten. Und das ist wieder eine Situation, in der das Märchen Vertrauen verlangt. Den guten Moment abwarten können wir nur dann, wenn wir darauf vertrauen, daß er auch kommt. Wenn wir nicht vertrauen, daß es einen guten und richtigen Moment gibt, dann müssen wir jeden Moment ausnützen. Dann sagen wir: «Lieber den Spatz in der Hand als die Taube auf dem Dach.»

Die Wandlung tritt, wie meist in den Märchen, in der äußersten Not ein. Die Kinder drohen zu ertrinken, und die Kinder sind das Liebste, was die Frau hat, sind noch das einzige, was ihr geblieben ist. Das ist für mich ein eindrucksvolles Bild: In dem Moment, in dem ihr zu entgleiten droht, was ihr das Liebste ist im Leben, da greift sie zu, und dann wachsen ihr auch Hände. Das Märchen sagt ganz lapidar: Wenn sie zugreift, dann kriegt sie auch Hände. Das wesentliche daran ist, daß sie das Liebste, was sie hat, nicht weggleiten läßt, daß sie in dem Augenblick zugreift, in dem sie es zu verlieren droht. Wir haben es hier mit einem absoluten Umschlagspunkt zu tun. In dem Moment des Greifens, des Nachfassens, in dem sie sich nichts überlegt, sondern ganz intuitiv handelt, wächst ihr zu, was ihr fehlt. Dieser Wille, sich nicht alles wegnehmen zu lassen im Leben, sich nicht entreißen zu lassen, was einem das Wichtigste ist, sondern selber zuzugreifen und festzuhalten, verändert radikal. Die Frau ohne Hände benimmt sich, als habe sie eigene Hände – und da hat sie sie auch. Und sie hat eine Hand, die entschlossen zupacken kann, sie hat eine haltende Hand, letztlich eine beschützende Hand.

Die Fähigkeit zuzugreifen wächst uns zu, sagt das Märchen, wenn wir das, woran unser Herz hängt, nicht aufgeben, wenn wir unserer Leidenschaft folgen. Unser Herz an etwas zu hängen, ist zwar noch keine Leidenschaft, aber schon eine gute Vorform. Wo immer unser Interesse und unsere Liebe sich festgemacht haben, da müssen wir Sorge tragen, daß es uns nicht wieder entrissen wird.

## Das Leben in die eigenen Hände nehmen

Das Verhalten der Frau verändert sich dementsprechend ganz entscheidend: Im Märchen wird jetzt gezeigt, was es heißt, eigene Hände zu haben.

Zunächst fällt auf, daß es immer noch dunkel ist. Wenn wir Wandlung symbolisch als Trennung, Tod und Wiedergeburt verstehen, dann befinden wir uns in der Phase, in der – noch immer im Dunkeln – die Wiedergeburt sich vorbereitet. Um Orientierung zu gewinnen, steigt die Frau auf einen Baum. Das ist ein ganz neues Verhalten; bis jetzt ist sie einfach umhergeirrt. Jetzt aber klettert sie in die Höhe, sie schafft sich selber den Überblick, und sie sieht ein Licht. Licht im Märchen ist nicht einfach ein Hinweis darauf, daß es irgendwo hell ist, sondern Licht meint Orientierung und Hoffnung auf Geborgenheit. Wir sprechen ja von der Hoffnung als von einem Licht im Dunkel. Und in einem Sprachbild können wir sagen, daß sich jetzt die Situation lichtet; es wird lichter, es wird heller. Jetzt kann etwas Neues geschehen.

Das Licht stammt von einem Haus mitten im Wald. Hier lebt die Frau mit ihren Kindern sieben Jahre lang. Früher wurde das Leben oft aufgeteilt in Phasen von je sieben Jahren, die jeweils ihre besondere Aufgabe hatten. Nach jeder Phase beginnt etwas Neues. Wenn wir verstehen wollen, was für eine Aufgabe in diesen sieben Jahren im Wald ansteht, müssen wir das Haus näher betrachten: Da ist ein erstaunlicher Reichtum, eine positive Mutterwelt. Da haben wir Obdach, Nahrung, die Kuh, die Hühner, Geborgenheit, Wärme. Das können wir symbolisch so verstehen, daß die Frau auf etwas Mütterliches in sich selbst stößt, das bisher nicht zugänglich war, das sie nun spüren und auch annehmen kann. Und das Neue, das die Kinder darstellen, kann sich entwikkeln. Das heißt, die Frau kann nun mütterlich zu sich selber sein, für sich selbst eine warme Atmosphäre gestalten. Weder bei ihrer Stiefmutter noch im Schloß bei ihrem Mann und bei der Schwiegermutter scheint eine gute Atmosphäre vorhanden gewesen zu sein.

Die abgeschlagenen Hände können in diesem Zusammenhang bedeuten, daß die Frau nichts für sich selber tun konnte. Ohne Hände sind wir unfähig, etwas für andere zu tun, wir können aber auch nicht für uns selber sorgen, wir sind darauf angewiesen, daß andere die Dinge für uns in die Hand nehmen, wir bleiben abhängig. Und das bedeutet etwas sehr Wichtiges: Für uns selber eine gute Atmosphäre herstellen zu können, eine Atmosphäre, in der uns wohl ist, in der wir uns geborgen fühlen, ist ein wichtiger Aspekt der Autonomie. Wenn von Autonomie die Rede ist, denken wir meist in eine ganz andere Richtung: Autonom sein, meinen wir, heiße, in jeder Situation eigenhändig und eigenständig zu handeln und immer genau zu wissen, was zu tun ist. Das ist jedoch nur ein Aspekt. Sich ein Leben schaffen zu können, in dem man es sich wohl sein lassen kann, wo es warm ist, wo es gemütlich ist, das gehört ganz wesentlich zur Autonomie eines Menschen. Wie der persönliche Lebensraum aussieht, in dem wir leben, kann von Mensch zu Mensch verschieden sein, wichtig ist aber, daß wir ihn uns selber schaffen und nicht von irgend jemandem erwarten, daß er diese Aufgabe für uns übernimmt.

Die Frau hat ihr eigenes Häuschen, einen abgegrenzten Raum im Wald. Wir können uns einen Menschen vorstellen, der durch die erlittenen Enttäuschungen und sein Ohnmachtgefühl hindurch plötzlich merkt, daß er sein Leben selber in die Hände nehmen und gestalten kann, es aber auch in die eigenen Hände nehmen und selber gestalten muß.

Die Szene der Wiedervereinigung mit dem König scheint

zunächst eigentümlich: Sie erkennt ihn, er erkennt sie nicht. Sie muß sich ihm zu erkennen geben, nicht er ihr. Und dann erfolgt diese langsame Annäherung über die Kinder. Sie müssen mit ihm Kontakt aufnehmen, sie müssen ganz «handgreiflich» mit dem Vater Kontakt aufnehmen. Das heißt: Die Beziehung zwischen den Partnern ist jetzt eine ganz andere geworden. Sie ist greifbar, sie ist faßbar, ganz im Unterschied zur ersten Begegnung im Obstgarten, wo sie einfach wunderschön war und wo sie Mitleid erregt hat. Sie ist eine andere geworden. Und er legt sie nicht auf ihre alte Identität als Frau ohne Hände fest.

Ob das alles so gut geht mit den beiden, das lassen wir dahingestellt, es ist ja durchaus möglich, daß weitere Entwicklungen angesagt sind.

## Was das Leben in diesem Märchen gelingen läßt

Ich habe «Das Mädchen ohne Hände» als Beispiel für ein Märchen gewählt, bei dem man zunächst den Eindruck gewinnt, daß ein solches Leben eigentlich nicht gelingen kann. Nun wissen wir natürlich, daß es gerade ein Merkmal der Märchen ist, daß sie meistens doch gut ausgehen. Wenn wir uns aber dem emotionalen Gehalt öffnen, spüren wir, daß das Mädchen ohne Hände viel mehr auszuhalten hat, bis die Beziehung gelingt, als das Glückskind im «Teufel mit den drei goldenen Haaren».

Was steht hier gegen das Gelingen? Gegen das Gelingen steht zunächst der Wille zur Beharrung, der Wille, sich nicht zu verändern. Gegen das Gelingen steht zunächst auch die ganze Familie. Jedes Mitglied trägt in seiner Weise dazu bei, daß das Leben nicht gelingt. Später übernimmt die Mutter des Königs diese Rolle, und auch der König in dem Sinn, daß er abwesend ist und dadurch das Gelingen nicht fördern, das Nichtgelingen nicht verhindern kann. Neid und Eifersucht tragen bei zum Nichtgelingen des Lebens.

Vom Verrat meine ich, daß es trotz allem ein «glückbringender Verrat» war. Es sieht zwar so aus, wie wenn er durch den Stoß ins größte Elend, den er bewirkt, das Nichtgelingen besiegeln würde, aber gerade dadurch ist eine Wandlung möglich. Bei Märchenheldinnen und Märchenhelden, die zu sehr im alten verharren, die sich nicht wandeln wollen, finden wir immer einen Verrat. Das können wir gut auf unser Leben übertragen: Eigentlich verraten wir uns ja selber, wenn wir uns nicht entwickeln. Wir lassen uns im Stich, und möglicherweise gibt uns dieser «glückbringende Verrat» dann von außen den notwendigen (An-)Stoß.

Und wir fragen uns: Warum gelingt das Leben hier dennoch? Meines Erachtens gelingt es der Heldin, weil sie die bodenlose Enttäuschung akzeptiert, weil sie sie nicht mehr verdrängt. Ganz nüchtern nimmt sie wahr, was zuvor an verborgener Emotion da war, sie sieht die Situation glasklar und entscheidet sich für eine Veränderung. Veränderung im Märchen, Wandlung, beginnt immer damit, daß Einsamkeit und Orientierungslosigkeit ausgehalten werden müssen. Wir wollen uns im Grunde genommen immer orientieren auf unserem Lebensweg, wollen immer wissen, wie es weitergeht. Im Märchen orientiert das Leben sich dann selber, im Sinne einer Selbstregulierung. Und was im Märchen dem Märchenhelden oder der Märchenheldin jeweils gegeben wird von hilfreichen Tieren und weisen Alten, das nimmt er oder sie auch an. Die Antwort auf die Frage, warum Leben gelingt, ist in diesem Märchen: Die Frau ist von der Liebe zu etwas ergriffen, und sie will das Liebste auch in einer aussichtslosen Situation nicht loslassen. Da ist eben in aller Verzweiflung, in allem Nichtgelingen nicht alles gleich-gültig im Leben, da sind gewisse Dinge wichtiger als andere. Nun kann man sich glücklicherweise von Kindern sehr leicht «ergreifen» lassen, die geben uns ja wirklich das Gefühl, daß sie uns brauchen und menschlich kostbar sind.

Und wie ist es mit dem Vertrauen? Der Märchenheld im «Teufel mit den drei goldenen Haaren», der strotzt vor Vertrauen ins Leben. Denn ihm hat man von klein auf gesagt, daß alles gut gehen wird. Beim «Mädchen ohne Hände» haben wir zunächst das Gefühl, daß nicht viel Vertrauen ins Leben vorhanden ist, höchstens vielleicht eine gewisse Naivität. Es gibt aber auch eine andere Form von Vertrauen als das in die Wiege gelegte «Urvertrauen»: Den Weg durch den Wald, den das Mädchen ohne Hände gehen muß, haben wir als ein Dahinvegetieren verstanden, irgend etwas hält das Mädchen am Leben. Sicher können wir dabei nicht von einem bewußten Vertrauen sprechen. Und dennoch meine ich, daß so etwas wie ein Grundvertrauen sichtbar wird, ein Grundvertrauen, das auch die Menschen kennen, die von sich meinen, sie hätten eigentlich kein Vertrauen ins Leben, und die dennoch spüren, daß sie doch nicht aus dem Leben fallen, auch nicht in extrem schwierigen Situationen. Es gibt zwar keine hilfreiche Ellermutter, es gibt aber den Brunnen. In ihm droht die Frau das Liebste und Einzige, was ihr geblieben ist, zunächst auch noch zu verlieren, gerade dadurch kann aber das heilende Wasser wirksam werden.

Dieses Märchen sagt in keiner Weise, daß man Vertrauen haben muß, sozusagen als Vorbedingung für ein gelingendes Leben, sondern es sagt, daß auch dann, wenn man schon längst meint, keines mehr zu haben, trotzdem noch so etwas wie Vertrauen existiert, und daß dieses die Not wendet.

# Das Wasser des Lebens, das Wasser der Schönheit und das Buch der Jugend – oder: Gelingen heißt, die Lebendigkeit zurückzugewinnen

Ob Glückskind oder Unglückskind, das Märchen kennt immer wieder Situationen, in denen das Leben in große Gefahr gerät und man der Gefahr begegnen muß. In denen es also darauf ankommt, ob Leben gelingt oder mißlingt, nicht nur das individuelle Leben, sondern auch das Leben der Gemeinschaft.

## *Das Wasser des Lebens, das Wasser der Schönheit und das Buch der Jugend*[25]

Es war einst ein König, der war mit schwerer Krankheit beladen, und es war niemand, der ihm helfen konnte. Da sagte ihm endlich ein kluger Mann: «Herr König, Euch könnte noch geholfen werden. Lasset das Wasser des Lebens, das Wasser der Schönheit und das Buch der Jugend holen, so ist Euch geholfen. Trinkt Ihr vom Wasser des Lebens, so werdet Ihr wieder gesund werden. Wascht Ihr Euch mit dem Wasser der Schönheit, so wird Eure Schönheit wieder zurückkehren. Und lest Ihr in dem Buche der Jugend, so werdet Ihr auch wieder jung werden. Doch ist es sehr schwer zu finden.»

Der König hatte aber drei Söhne, die sandte er aus, daß sie das Wasser des Lebens, das Wasser der Schönheit und das Buch der Jugend holen sollten, und gebot ihnen, sie sollten nicht wieder an seinen Hof kommen, wenn sie es nicht gefunden hätten.

Da ritten die drei Prinzen zusammen aus, als sie aber an einen Kreuzweg kamen, trennten sie sich und zogen jeder seines Weges.

Der jüngste Prinz war schon weit geritten, da kam er zu einem kleinen Hause, darin wohnte eine steinalte Frau. Er klopfte an, sie tat ihm auf, und als sie ihn sah, verwunderte sie sich und sprach: «Mein Sohn, wo kommst du her? Es ist hier in manch hundert Jahren kein Mensch zu mir gekommen.» Er sprach: «Ich bin des Königs jüngster Sohn und bin ausgesandt, das Wasser des Lebens, das Wasser der Schönheit und das Buch der Jugend für meinen Vater zu holen.» Ihm entgegnete die Alte: «Mein Sohn, ich kann dir nicht helfen. Aber ich habe eine Schwester, die wohnt 200 Meilen weiter von hier. Vielleicht weiß die Rat.» Da erschrak der Prinz über den weiten Weg und sprach: «Wie kann ich schnell die 200 Meilen machen?» Die Alte aber sprach: «Ich habe ein Pferd im Stall, das kann die 200 Meilen in einem Tag machen, das will ich dir überlassen.» Des war der Prinz zufrieden. Die alte Frau labte ihn mit Speise und Trank, und er übernachtete in ihrem Hause.

Am andern Morgen empfing er das Pferd der alten Frau und ritt so schnell, daß er noch am Abend bei ihrer Schwester eintraf. Er klopfte an, und da sie ihm öffnete, verwunderte sie sich und sprach: «Mein Sohn, wo kommst du her? Es ist in manch hundert Jahren kein Mensch in dies Haus gekommen.» Der Prinz antwortete: «Ich bin des Königs jüngster Sohn und will für meinen Vater das Wasser des Lebens, das Wasser der Schönheit und das Buch der Jugend holen.» Die Alte sprach: «Da kann ich dir nicht helfen. Aber ich habe eine Schwester, die wohnt 300 Meilen von hier. Vielleicht weiß die zu helfen.» Da sagte der Prinz betrübt: «Wie soll ich diesen weiten Weg machen?» Sie aber sprach: «In meinem Stall steht ein Pferd, das kann die dreihundert Meilen in einem Tage machen. Das will ich dir mitgeben.» Des freute sich der Prinz. Die Alte setzte ihm Essen und Trinken vor und gab ihm Herberge in ihrem Hause.

Am andern Morgen bestieg er das Roß der alten Frau, und es lief so schnell, daß er noch am Abend bei der Schwester ankam. Er klopfte an, und als sie ihm auftat, verwunderte sie sich und sprach: «Mein Sohn, wo kommst du her? Es ist in manch hundert Jahren kein Mensch zu mir gekommen.» Er antwortete: «Ich bin des Königs jüngster Sohn und suche das Wasser des Lebens, das Wasser der Schönheit und das Buch der Jugend für meinen Vater.» Die Frau sprach: «Ich kann dir wohl sagen, wo es ist, aber es ist sehr schwer zu erlangen, es ist auch noch vierhundert Meilen von hier.» Da sprach der Prinz betrübt: «Ich darf nicht wieder heimkommen, wenn ich es nicht mitbringe, und wie soll ich den weiten Weg zurücklegen?» Die Frau antwortete: «Ich habe ein Pferd im Stalle, das kann die vierhundert Meilen im halben Tag machen. Das will ich dir zu deiner Reise geben. Du wirst ein wunderschönes Schloß finden. Dort sind viele starke Männer und viele wilde Tiere. Aber in der Mittagsstunde von zwölf bis ein Uhr liegen sie alle im Schlafe. Darum mußt du am Mittag um zwölf dort ankommen und bis ein Uhr alles besorgt haben. Im Schlosse wirst du auch eine wunderschöne Jungfrau finden, aber hüte dich, sie in ihrer Ruhe zu stören.»

Am andern Morgen machte sich der Prinz auf den Weg und kam um zwölf Uhr bei dem Schlosse an. Hier sah er alles, wie die Frau ihm gesagt hatte. Er fand auch die Jungfrau. Die war so schön, daß er sich nicht von ihr wenden konnte. Er vergaß das Wort der alten Frau, nahm sie in seine Arme und küßte sie. Dann suchte er weiter und traf auf eine Kammer, da quoll das Wasser des Lebens hervor, und er nahm davon mit. Danach kam er in eine andere Kammer und fand das Wasser der Schönheit. Auch davon schöpfte er und nahm es mit. In einer dritten Kammer lag das Buch der Jugend. Als er auch dies zu sich genommen hatte, kehrte er noch einmal zu der schönen Jungfrau zurück, nahm sie wieder in seine Arme und küßte sie. Dann schrieb er seinen Namen an die Wand und den Tag, an dem er dagewesen sei. Er schnitt auch ein kleines Fleckchen aus ihrem Hemd und steckte es in die Tasche. Danach mußte er eilen, daß er vor dem Schlage eins das Schloß verließ.

Am Abend traf er wieder bei der alten Frau ein, die ihn mit den Worten empfing: «Mein Sohn, hast du alles erhalten?» – «Ja», sprach der Prinz, «ich bin so glücklich gewesen und habe alles gefunden.» – «Und hast du auch die schöne Prinzessin in Ruhe gelassen?» – »Ja», entgegnete der Prinz. Er führte nun das Roß wieder an seinen Platz, dann bewirtete die Alte ihn mit Essen und Trinken und gab ihm Herberge zur Nacht.

Am andern Morgen eilte er, um bald heimzukommen. Er fragte nach seiner Schuldigkeit, und da die Alte nichts verlangte, so bedankte er sich herzlich, zog sein Roß aus dem Stall und nahm Abschied. Aber bevor die Alte ihn ziehen ließ, sprach sie: «Ich will dir noch etwas verehren, das soll dir für lange Lebenszeit gut tun», und gab ihm ein feines, schneeweißes Taschentuch. Verwundert fragte der Prinz: «Was soll ich denn mit diesem Tuch machen?» Die Alte antwortete: «Du wirst noch in große Not geraten, und wenn du dann dieses Tuch ausbreitest, so kannst du dir so viele schöne Speisen wünschen, als du haben magst, und dein Wunsch wird erfüllt werden.» Der Prinz bedankte sich, schwang sich auf sein Roß und jagte davon.

Am Abend traf er bei der anderen Frau ein, die fragte ihn: «Ist dir alles gut gelungen?» – «Ja», sagte der Prinz, «ich bin so glücklich gewesen und habe alles gefunden.» Er brachte sein Roß zur Stelle, und die Alte wartete ihm mit Speise und Trank auf und beherbergte ihn zur Nacht. Am anderen Morgen fragte er nach seiner Schuldigkeit, und als die Frau nichts von ihm verlangte, bedankte er sich und eilte, heimzukommen. Da trat die Frau zu ihm und sprach: «Ich will dir etwas verehren, das wird dir für lange Lebenszeit gut tun», und gab ihm einen feinen Becher. Der Prinz fragte: «Was soll ich mit dem Becher machen?» Die Alte sprach: «Du wirst noch in große Not geraten, und wenn du dann diesen Becher anhältst, so wirst du so viel schönen Wein empfangen, als du haben magst.» Des freute sich der Prinz, sagte seinen allerbesten Dank, stieg auf sein Roß und ritt davon.

Am Abend traf er bei der ersten Schwester ein und übergab ihr das entliehene Roß. Sie fragte ihn: «Wie ist es dir ergangen?» Der Prinz antwortete: «Ich war so glücklich und habe alles empfangen.» Danach tischte sie ihm viele schöne Speisen und Getränke auf und gab ihm Herberge zur Nacht. Als er am andern Morgen nach seiner Schuldigkeit fragte, verlangte sie nichts, sondern gab ihm eine Schere und sprach: «Ich will dir etwas verehren, das wird dir für lange Lebenszeit guten Dienst tun.» Der Prinz wunderte sich und sprach: «Was soll ich damit machen?» Die Frau erwiderte: «Du wirst noch in große Not geraten, und wenn du dann deine Schere nimmst und sie an einen Gegenstand hältst, so wirst du so viel Kleider erhalten, als du nur wünschen magst.» Als der Prinz das hörte, bedankte er sich aufs beste, zog sein Pferd aus dem Stall und eilte, heimzureiten. Nach langem Ritt kam er endlich wieder an den Kreuzweg. Zu derselben Zeit trafen auch seine beiden Brüder hier ein.

Sie hatten die Zeit nutzlos vergeudet und sich mit dem Gelde ihres Vaters lustige Tage gemacht. Als sie nun sahen, daß ihr Bruder alles ausgerichtet hatte, erwachte der Neid in ihren Herzen, und sie beschlossen, die Schätze des Bruders an sich zu bringen. Darum überredeten sie ihn mit List, ein fröhliches Wiedersehen mit ihnen zu feiern, und als er vom Wein lustig und guter Dinge war, vertauschten sie ihm heimlich seine Schätze.

Der Bruder ahnte nichts Böses, trat ganz getrost zum König und gab ihm das Wasser des Lebens, das Wasser der Schönheit und das Buch der Jugend. Der König war voller Freude, daß sein jüngster Sohn den Auftrag erfüllt hatte. Doch diese Freude war nur von kurzer Dauer, denn obgleich der König alles tat, wie ihm geraten war, so zeigte sich doch keine Wirkung, sondern er blieb krank und wie er gewesen war.

Da meldeten sich die beiden ältesten Söhne bei dem König und sagten, sie hätten seinen Auftrag ausgeführt, und übergaben ihm das Wasser des Lebens, das Wasser der Schönheit und das

Buch der Jugend, das sie dem Bruder gestohlen hatten. Und als der König das angewendet hatte, zeigte sich sogleich die versprochene Wirkung. Er war von seiner schlimmen Krankheit befreit und wurde wieder jung und rüstig wie in früheren Jahren. Er verachtete aber seinen jüngsten Sohn als einen argen Betrüger, und er grimmte sich so sehr, daß er ihn binden ließ und einem Schiffer übergab, der ihn im tiefsten Wasser ersäufen sollte. Als Wahrzeichen aber sollte er dem König die Zunge des Sohnes bringen.

Der Schiffer wollte das nicht tun und bat für den jungen Königssohn. Aber der alte König drohte ihm: «Wenn du nicht tust, wie ich dir befohlen habe, so soll man es also mit dir machen.» Da fuhr der Schiffer mit ihm fort, aber es betrübte ihn sehr, daß der junge Königssohn sterben sollte, und als dieser ihn anflehte, ihm sein Leben zu schenken, er wolle sich auch nimmer vor dem König sehen lassen, da befreite er ihn von seinen Fesseln.

Sie fuhren aber weit, weit hinweg, bis sie an eine große Wildnis kamen. Dort war ein großer Wald, und in dem Wald hielten sich viele wilde Tiere auf. Der Schiffer erlegte einen Eber, riß ihm die Zunge raus aus dem Hals und brachte sie dem König. Dieser gedachte nicht anders, als daß es seines Sohnes Zunge sei, und wurde so grimmig, daß er sie roh aufaß. –

Als der Prinz das verwünschte Schloß verlassen hatte und alles erwachte, da sah die Prinzessin verwundert den Namen an der Wand, und sie erinnerte sich an alles Geschehene wie im Traum. Nach einiger Zeit aber bekam die Prinzessin einen lieblichen Prinzen. Da der Knabe heranwuchs, erzählte sie ihm oft von seinem Vater. Und sie hatte immer größere Sehnsucht, den Prinzen wiederzusehen. So schickte sie Botschaft an den König, er solle seinen jüngsten Sohn senden.

Der König ließ seinen ältesten Sohn kommen, erzählte ihm von der Botschaft der Prinzessin, und der war auch bereit, hinzugehen. Als er nun bei dem Schloß ankam, sah er eine prächtige rote Schabracke über den Weg gebreitet. Aber er bog ab und ritt nicht hinüber. Da erkannte die Prinzessin gleich, daß er nicht der rechte sei, und als der kleine Prinz fragte: «Ist das mein Vater?», sprach sie: «Nein, das ist dein Vater nicht!» Die Prinzessin fragte den Königssohn, wann er dagewesen sei, aber er konnte nichts darauf antworten. Dann fragte sie ihn, welches Wahrzeichen er aufzuweisen habe, aber er wußte keines anzugeben.

Da gab sie Befehl, den Königssohn zu enthaupten. Danach sandte sie aufs neue Botschaft an den König, er solle den jüngsten Sohn senden, sonst werde sie sein Land mit Krieg überziehen. Aber wenn es nicht der rechte sei, so werde man ihn enthaupten, wie es auch dem andern geschehen sei.

Der König wußte in seiner Not nicht, was anfangen, rief seinen zweiten Sohn herbei und stellte ihm alles vor. Da fand der sich bereit, ließ sein Roß satteln und ritt nach dem Schlosse. Auch er sah die prächtige Schabracke auf dem Weg ausgebreitet und ritt ebenso wie sein Bruder umhin. Da rief der kleine Prinz wieder: «Das ist mein Vater gar nicht!» Die Prinzessin forschte bei dem Königssohn, wann er in dem Schlosse gewesen, aber er vermochte es nicht anzugeben. Danach forderte sie ihn auf, sein Wahrzeichen zu zeigen, aber er hatte keins. Da gab sie Befehl, daß auch ihm der Kopf abgeschlagen werde.

Danach sandte die Prinzessin dem König zum drittenmal Botschaft und verlangte, er solle ihr seinen jüngsten Sohn senden, und wenn er nicht mehr am Leben sei, so solle er wenigstens einige Knochen des Toten schicken. Wenn er diesen Wunsch nicht erfülle, so werde sie sein Land mit Krieg überziehen und von seinem Schloß keinen Stein auf dem andern lassen.

Der König wußte in seiner Not nicht mehr, was er beginnen sollte. Da ließ er den Schiffer kommen und versprach ihm einen reichen Lohn, wenn er ihm Knochen von seinem jüngsten Sohn zur Stelle schaffen könne. Da gestand der Schiffer ein, daß er dem Verbot des Königs zuwidergehandelt und den Sohn am Leben gelassen habe, und daß er sich weit entfernt in einer großen Wildnis zwischen den wilden Tieren aufhalte. Die Zunge aber sei von einem Eber gewesen. Da ward der König getröstet und ließ den Schiffer hinfahren, den Sohn zu holen.

Der hatte in der Wildnis keine Not gelitten. Er brauchte nur sein Taschentuch auszubreiten und seine Wünsche verlauten zu lassen, so hatte er die schönsten Speisen in Hülle und Fülle. Wenn er aber des Trunkes bedurfte, so nahm er seinen Becher zur Hand, hielt ihn an einen Baum und hatte den schönsten Wein im Überfluß. Er gab auch den Tieren von seiner Speise und von seinem Wein, und sie taten ihm nichts zuleide. Als sie aber von seinem Wein reichlich genossen hatten, wurden sie sehr lustig und guter Dinge. Danach fielen sie in festen Schlaf, da nahm er seine Schere, fertigte ihnen Kleider und zog sie ihnen an. Als sie erwachten, wußten sie nicht, was ihnen geschehen war, hielten ihn für ihresgleichen und bedrohten ihn nicht mehr.

Als der Schiffer nun kam und die Botschaft des Königs brachte, sprach der Prinz: «Nicht meines Vaters wegen, um der schönen Prinzessin willen folge ich dir.» So kam er wieder an seines Vaters Hof, ging aber nicht zu dem König, sondern ließ sein Roß aus dem Stall bringen und jagte davon.

Als er bei der Prinzessin ankam, hatte sie eine schwarze Schabracke auf den Weg gelegt, weil sie um den Prinzen trauerte. Er achtete aber nicht darauf, gedachte nur der schönen Prinzessin und ritt hinüber. Da rief der kleine Prinz schon: «Das ist mein Vater!»

Die Prinzessin fragte ihn, wann er dagewesen sei. Er gab zur Antwort, das finde sie über dem Bett an der Wand geschrieben. Dann fragte sie ihn nach dem Wahrzeichen. Da zeigte er ihr das Fleckchen aus ihrem Hemd, das er mitgenommen hatte. Da erkannte sie, daß er der rechte sei, und begrüßte ihn mit Freuden. In demselben Augenblick aber war auch die Zauberei gebrochen, und alle wilden Tiere wurden vornehme Leute, die der Prinzessin dienten. Der Königssohn bekam die Prinzessin zur Frau und gewann ein großes Reich.

* * *

## Was fehlt

Dieses Märchen gehört zum bekannten Märchentypus «Das Wasser des Lebens», der sich in «Tausendundeiner Nacht» ebenso findet wie im Mythos von Medea oder in der Sammlung der Brüder Grimm.[26] Von den vielen Varianten habe ich eine Fassung aus Schleswig-Holstein ausgewählt, in der ein König an einer schweren Krankheit leidet und wieder gesund werden möchte. Gelingendes Leben bedeutet in diesem Märchen also, die Gesundheit wieder zurückzugewinnen. Das Märchen beschreibt aber nicht die Krankheit, es geht nicht auf die Symptome ein, sondern es fragt nach dem, was fehlt, dieses Fehlende muß ins Leben eingebracht werden, und damit ist die Krankheit geheilt. – Das ist ein interessanter Krankheitsbegriff: Krank sein heißt, daß man einseitig geworden ist, und gegen diese Einseitigkeit muß Abhilfe geschaffen werden. In unserem Märchen fehlt dem König nicht nur das Wasser des Lebens, auch das Wasser der Schönheit und das Buch der Jugend müssen gesucht werden. Und das ist besonders an dieser Variante. In den meisten Fassungen genügt das Wasser des Lebens.

In manchen Fassungen dieses Märchentyps wird gesagt, wo die Ursache der Krankheit liegt: Der König ist schon sehr alt und will dennoch nicht abdanken. Der König symbolisiert das kollektive Bewußtsein, die Normen und Regeln, nach denen sich die Menschen ausrichten, und wenn diese sich nicht mehr wandeln, dann ist das Lebensgefühl erstarrt, dann fehlt das Wasser des Lebens, dann fehlt das bewegende, dynamische Element. Dann gibt es auch kein Grünen, kein Werden, keine Hoffnung. Die Menschen sind abgeschnitten von den Emotionen, sind emotionslos, nur von Zeit zu Zeit werden sie von Emotionen überschwemmt. Abgeschnitten zu sein von den Emotionen heißt aber auch, daß man entfernt ist von Träumen, von Sehnsüchten, von Leidenschaften, von Visionen, also entfernt von allem, was einen lebendig macht. Auf der individuellen Ebene können wir diesen Zustand als eine Form der Depression verstehen. Die Märchen vom Typus «Das Wasser des Lebens» gehen der Frage nach, wie man mit einer bestimmten Form von Depression umgeht, wie man sie heilen kann. Gehen wir davon aus, daß der König das kollektive Bewußtsein repräsentiert, dann krankt an seiner Krankheit das ganze System. Das Lebenswasser, die Lebensleidenschaft oder einfach die Hoffnung auf Werden, auf Grünen ist verlorengegangen. Sie muß man holen, muß man finden.

Auffallend ist, daß an diesem Königshof überhaupt keine Frauen vorhanden sind, es ist nur von Männern die Rede. Und das ist eine typische Situation, in der das Lebenswasser fehlt: Es besteht eine ungeheure Dominanz des Männlichen über das Weibliche. Da die Märchen immer eine gewisse Gleichgewichtigkeit anstreben, wird es nicht nur darum gehen, das Wasser des Lebens zu holen, sondern es wird auch darum gehen, die Verbindung zum Weiblichen wiederherzustellen, dem Weiblichen am Königshof einen sichtbaren Platz zu geben.

Zunächst müssen die drei Söhne in die Welt geschickt werden, um das Lebenswasser zu holen. Nicht der kranke König, nicht das kranke herrschende System ist fähig, das Problem zu lösen. Die nächste Generation, die Söhne, muß sich darum kümmern. Das ist etwas, was immer wieder geschieht. Jede Generation hat ihre Einseitigkeiten, weil sie gewisse Aspekte des Lebens verdrängt. Es gibt beispielsweise sehr intellektuelle Generationen, die das Gefühl abspalten, es gibt aber auch sehr gefühlvolle Generationen, die das Intellektuelle verdrängen. Und immer haben sich die nachfolgenden Generationen mit der Rückkehr des Verdrängten auseinanderzusetzen. Dasselbe gilt, wenn wir das Thema individueller sehen: Alle Eltern leben nur gewisse Aspekte ihres Lebenspotentials, werden einseitig, die Kinder entwickeln dann in der Regel das, was ihre Eltern nicht entwickelt haben, und so geht es immer weiter ... Es ist nicht sinnvoll, den König dafür zu tadeln, daß er sein Problem nicht selber löst, sondern die Söhne beauftragt, denn wenn diese auch für ihren Vater das Wasser holen und man den Eindruck gewinnt, daß sie eigentlich für ihn und nicht für sich selbst leben, wird doch im Laufe des Märchens ersichtlich, daß bei dieser Quest, bei dieser Suche nach dem Wesentlichen, der wandlungsfähige Jüngste – aber nur er – durchaus etwas für sich selber gewinnt.

Wie schon erwähnt, kann das Wasser des Lebens mit dem Wachsen und Grünen in Verbindung gebracht werden, mit Emotionen, Träumen und Visionen. Dazu gehört das Lebensgefühl, daß etwas Neues werden kann, daß es sich lohnt, Projekte zu entwickeln, weil man sich vorstellen kann, daß sie realisiert werden können. Warum benötigt der König zum Gesundwerden aber auch noch das Wasser der Schönheit? Schönheit im Märchen bedeutet etwas ganz Spezielles: Sie meint nicht nur äußere Schönheit, sondern auch innere Schönheit, damit meine ich Ausgewogenheit, ein gutes menschliches Maß. Schöne Heldinnen und Helden, das sind die Märchenfiguren, denen das Leben gelingt. Diese innere Form der Schönheit erlangen sie, wenn sie mit ihrer inneren Welt in Kontakt stehen und sich der Aufgabe stellen, die ihnen aufgetragen ist.

Schönheit ist etwas ungeheuer Wichtiges. Ich bin der Ansicht, daß Schönheit eine absolut vernachlässigte psychologische und psychotherapeutische Kategorie ist. Wir sprechen in der Regel nicht von der Schönheit, sondern von Neurosen, von Konflikten, von Strukturdefekten usw. Könnten wir uns nicht zunutze machen, daß wir zum Beispiel spüren, wie wir wieder ins Lot kommen, wenn wir etwas für uns sehr Schönes ansehen? Wenn wir ressourcenorientiert therapieren, wenn wir von dem ausgehen, was an Potential vorhanden ist, können wir ohne weiteres dieses Erleben von Schönheit einbeziehen. Wir müssen natürlich davon ausgehen, daß nicht alle Menschen das gleiche schön finden – obwohl ich denke, daß es auch ein objektiv Schönes gibt – und daß man sie anregen muß, das zu entdecken, was sie ganz subjektiv als schön empfinden. Mir scheint, daß wir auf die schönen Dinge unsere eigene innere Schönheit, das eigene innere Maß und vielleicht auch das Selbst im Jungschen Sinn projizieren und deshalb beim bewußten Anblick von etwas Schönem zu uns selber finden. Und zu sich selber zu finden ist ja ein großes Therapieziel.

Mit anderen Worten, das Wasser der Schönheit würde – zusammen mit dem Lebenswasser – nicht nur die Lebendigkeit zurückbringen, es würde den Menschen auch ermöglichen, wieder in Einklang mit sich selbst zu sein. Das Leben wäre dann nicht nur lebendig, sondern auch stimmig-schön. Das Wasser des Lebens und das Wasser der Schönheit sind die beiden ersten Heilmittel gegen die Depression, die im Märchen ihren Ausdruck findet.

Über das Buch der Jugend werden wir näher informiert: Liest man es, dann wird man wieder jung. Das heißt wohl, daß in diesem Buch die Erinnerungen an die Jugend aufgeschrieben sind. Über diese Erinnerungen können wir wieder an etwas Junges, Vitales in uns herankommen, sagt uns das

Märchen. Und das ist das dritte Heilmittel gegen die Depression.

Nach den Erwartungen des Königs sollen diese drei Dinge, die die Söhne suchen müssen, letztlich den alten Zustand wiederherstellen, er soll davon wieder gesunden. Betrachten wir diese Heilmittel aber genauer, dann wird deutlich, daß mit ihnen das alte Leben nicht mehr wiederhergestellt werden kann, daß eine große Veränderung ansteht, auch wenn diese dem König bestimmt nicht behagt.

## Aufbruch zur Quest

Nun verlassen also die Söhne auf Geheiß des Vaters den Königshof, um das Wasser des Lebens, das Wasser der Schönheit und das Buch der Jugend zu suchen. Der Vater ist in diesem Märchen recht resolut, die Söhne sollen nicht mehr an den Hof zurückkommen, wenn sie nicht gefunden haben, was er braucht. Er hat also eine sehr fordernde Haltung: Entweder bringen die Söhne ihm die Lebendigkeit zurück, oder er stößt sie aus. Wenn es, wie wir angenommen haben, in diesem Märchen um eine Form der Depression geht, dann wird hier deutlich, daß damit auch Aggression und Brutalität verbunden sind. Andererseits muß man auch sagen, daß es gar keinen Sinn hat, an einen Königshof zurückzukehren, an dem das Wasser des Lebens fehlt, denn da lebt ja nichts.

Auf dieser Suchwanderung, auf dieser Quest, sind zunächst alle drei Söhne miteinander unterwegs, bis sie an einen Kreuzweg kommen, dann «zog jeder seines Weges». Das ist ein interessanter Erzählzug im Zusammenhang mit dem Gelingen im Märchen: Jeder muß seines Weges ziehen. Was heißt das? Märchenheldinnen und Märchenhelden wissen ja nie, wohin sie eigentlich gehen sollen. Sie haben keine Karten, keine Computerinformationen; sie gehen einfach «der Nase nach». Sie finden ihren Weg intuitiv, und man gewinnt den Eindruck, ihr Weg führe sie, nicht sie suchten ihn – sie lassen sich führen. Der Intuition zu folgen heißt auch, der Sehnsucht nachzugehen, einem inneren, zunächst unbewußten Plan zu folgen. Dahin zu gehen, wo es einen hinzieht. Das Wort «hingezogen sein», das hat etwas mit Sehnsucht zu tun.

Der Jüngste, den die Märchen zu Beginn meist als Tolpatsch schildern, ist in der Regel der Erfolgreichste. Das hat damit zu tun, daß er am wenigsten vom herrschenden System angekränkelt ist. Er hat am wenigsten lang in diesem System gelebt, er ist noch mehr mit seinem Unbewußten verbunden. Und er überlegt sich kaum, ob etwas sich lohnt oder ob es sich nicht lohnt, sondern er geht einfach seinen Weg in naivem Vertrauen.

Gelingen im Märchen, das haben wir bis jetzt gesehen, setzt immer auch voraus, daß man akzeptiert, was einem begegnet, und daß man sich sehr ernsthaft darauf einläßt. Und das tut der Jüngste in unserem Märchen. Was findet er auf seiner Suchwanderung?

## Erste Begegnung mit der verdrängten Lebensenergie

Zunächst begegnet er den steinalten Frauen, die immer wieder betonen, daß seit Hunderten von Jahren niemand bei ihnen vorbeigekommen sei. Psychologisch gesehen bedeutet das, daß der Jüngste sich in einen psychischen Bereich vorwagt, der seit langer Zeit vernachlässigt worden ist. Wir haben es mit einer sehr lange andauernden kollektiven Verdrängung zu tun. Was symbolisiert nun eine steinalte Frau? Das Wort «steinalt» suggeriert zunächst einfach, daß sie ungeheuer alt ist, es ist eine Potenzierung des Altseins, die Verbindung mit dem Stein, der Dauer symbolisiert, rückt ihren Lebensanfang in graue Vorzeit und läßt an eine weitgehende Unzerstörbarkeit denken.

Überraschend ist, daß diese steinalten Frauen, die man sich so richtig verhutzelt vorstellt, ungeheuer schnelle, energievolle Pferde besitzen. Diese Pferde sind ein wichtiger Hinweis. Sie zeigen, daß nicht nur das Weibliche verdrängt worden ist, sondern mit diesem Weiblichen auch eine große Lebensdynamik, eine ungeheure Lebensenergie. Pferde sind Tragtiere von Menschen und von Göttinnen und Göttern. Pferd und Reiter, Pferd und Reiterin werden als Einheit erlebt: das Pferd ist ein Symbol unserer Vitalität, die uns trägt, unserer Körperlichkeit, die uns trägt und die uns auch voranbringt im Leben. Wir können im Zusammenhang mit dem Pferd die Begriffe Zug- und Triebkraft ohne weiteres gebrauchen; es geht dabei aber nicht nur um Sexualität, es geht auch um eine Dynamik, die uns ins Leben hineinträgt und hineinzieht. In der Mythologie werden die Pferde mit Unterweltsgottheiten ebenso in Verbindung gebracht wie mit Himmelsgottheiten. Die Symbolik des Pferdes ist also eine sehr breitgefächerte: Es kann sich deshalb nicht nur um sexuelle Triebkräfte handeln, das Pferd symbolisiert auch unsere spirituelle Triebkraft. Das ist der Grund, warum ich es als Symbol einer ganzheitlichen Dynamik verstehe: Es geht um das Sich-Einlassen auf das Leben und auch um das Sich-ziehen-Lassen vom Leben.

Die Pferde der steinalten Frauen sind schnell wie der Wind. Der Wind ist ein altes Geistsymbol, und der Geist wiederum symbolisiert das Bewegte und das Bewegende. Das Bewegte und das Bewegende, die Lebensenergie, die Dynamik des Lebens, die befinden sich also bei den steinalten Frauen. Und der junge Held geht von einer zur andern und kommt jedesmal in den Genuß eines noch schnelleren Pferdes. Wie können wir das verstehen?

In einem System, das sehr «ausgetrocknet» ist, in dem man sich depressiv und gleichzeitig aggressiv fühlt, verbunden mit der Erfahrung, daß nichts lebendig ist, daß alles gleichgültig und nichts von einer besonderen Bedeutsamkeit ist, erwacht plötzlich die Sehnsucht nach dem, was Leben lebendig macht. Diese Sehnsucht äußert sich in einer Suchbewegung in irgendeine Richtung. Denn meistens weiß man ja noch gar nicht, was einem wirklich fehlt. Kann man das Manko aber benennen, dann ergibt sich so etwas wie ein Energieschub, ein Hoffnungsschub, ein Vitalitätsschub, im Märchen ausgedrückt in den schnellen Pferden.

Nun ist offensichtlich auch der jüngste Prinz etwas angekränkelt von seinem alten System. Wenn er merkt, daß der Weg weit wird, ist er gleich betrübt, doch sobald die steinalten Frauen, und das sind archetypische mütterliche Repräsentanzen, ihn verwöhnen oder ihm ihr Wunderpferd anbieten, freut er sich gleich wieder. Übertragen auf einen Menschen, würde man sagen, er sei leicht subdepressiv und leicht submanisch; wenn ihm etwas nicht gelingt, dann wird er etwas depressiv und verliert leicht den Mut, wenn ihm wieder etwas gelingt, wird er submanisch, freut sich über die Maßen.

Das Märchen spricht von drei steinalten Frauen und drei Pferden. Die Zahl drei ist auch enthalten in der Distanz von der ersten steinalten Frau zum Schloß mit dem Wasser des Lebens, den neunhundert Meilen. Heldinnen und Helden haben immer drei Chancen, drei Aufgaben zu lösen, usw. Die Zahl drei ist eine dynamische Zahl. Wenn sie in einem Märchen so sehr betont wird, und das wird sie häufig, dann wissen wir, daß wir es mit der Beschleunigung eines Prozesses auf eine vorläufige Lösung hin zu tun haben. Der Prozeß bewegt sich auf ein Viertes zu, auf eine ganzheitlichere Sicht der Dinge.

Dieses Schloß, das noch viel weiter entfernt ist als die steinalten Frauen, zu denen «in manch hundert Jahren» kein Mensch gekommen ist, entspricht einem abgespaltenen Komplex[27], weit weg vom Bewußtsein. Es ist die Verdichtung von all dem, was am Hof des kranken Königs verdrängt und abgespalten ist. Das Märchen zeigt bildhaft, was diesen psychischen Komplex ausmacht: Verdrängt worden in das wunderschöne Schloß sind die wilden Tiere, die starken Männer sowie die schöne Jungfrau. Was so weit abgedrängt, verdrängt worden ist, erweist sich einerseits als sehr reich, andererseits aber auch als gefährlich. Wenn ein König nicht alt werden kann und auch nicht abdanken kann, dann wird er selbstverständlich keine starken Männer neben sich dulden, denn die könnten ihm ja die Herrschaft streitig machen. Die wilden Tiere haben mit dem zu tun, was wild und undomestiziert ist im Menschen. Und die schöne Jungfrau symbolisiert das Weibliche, das jetzt ins Spiel kommen sollte. Sie ist eine Animagestalt: eine faszinierende Fremde, die viel Leidenschaft auslöst und Sehnsüchte nach Liebe, nach Beziehung und Visionen wecken kann. Es ist erstaunlich, welche Vitalität, welcher Reichtum in diesem Schloß angesiedelt ist. Kein Wunder, fehlt am Königshof die Lebendigkeit, wenn sie so sehr verdrängt worden ist.

## Der Kontakt mit dem verdrängten Komplex

Zwischen zwölf und dreizehn Uhr liegen sie alle im Schlaf, so sagt die älteste der steinalten Frauen. Es ist Mittagszeit, der Sonnenstand ist am höchsten, und die Hälfte des Tages ist vorbei. Das Wasser des Lebens ist also für den zweiten Teil des Tages bestimmt. Wer märchenerfahren ist, weiß, daß nun eine Möglichkeit der Erlösung besteht. Wenn ein Zeitzyklus vorbei ist, wenn zwölf vorbei ist, schlafen die gefährlichen Kräfte, die Abwehr, mit der man sonst zu rechnen hätte, ist nicht so groß, und damit ist eine Möglichkeit zur Veränderung gegeben. Wie in den vorher besprochenen Märchen finden wir wiederum den Hinweis darauf, daß Veränderung nur zum richtigen Zeitpunkt möglich ist. Und um den guten Zeitpunkt weiß die uralte Frau, ein altes Wissen in unserer Psyche kennt ihn.

Der Prinz soll die schlafende Jungfrau nicht in ihrer Ruhe stören. Die wunderschöne Jungfrau fasziniert ihn aber, und das ist es wohl, was er braucht. Er gibt ihr einen Kuß – ob er damit ihre Ruhe stört oder nicht stört, das weiß man nicht so recht. Und daß aus dem Kuß auch gleich schon ein Kind wird, könnte bedeuten, daß das Märchen etwas zurückhaltend in der Schilderung der Ereignisse ist. Im Schloß, in dem diese schöne Jungfrau schläft, findet er in einer Kammer das Wasser des Lebens, in einer weiteren das Wasser der Schönheit und in der dritten schließlich das Buch der Jugend. Und als er hat, was er braucht, nimmt er die Jungfrau noch einmal in die Arme, um sie zu küssen. Anders als in vielen Märchen vergißt der Held hier nicht, warum er eigentlich zu diesem Schloß gekommen ist. Eine erste Idee von Leidenschaft wird zwar geweckt, doch bleibt er an seinen Auftrag gebunden.

Sein Weg ist zunächst eigentümlich einfach: Er folgt seiner Intuition, trifft dadurch gute, mütterliche Gestalten, die ihm weiterhelfen. Er bekommt einen Energieschub und hat eine Vision von Liebe, von einem neuen Leben, von Fruchtbarkeit, von Schönheit und von der Jugend. Auseinandersetzen mit einem Hindernis muß er sich aber nie. Er hat nur zur Zeit das Schloß zu verlassen. Wäre er nicht zeitig gegangen, würde es natürlich spannend. Würde er in ein wildes Tier verwandelt, oder würde er gar versteinert? Es wäre durchaus möglich, daß ihn dieser abgespaltene Komplex vollständig bestimmte. Vielleicht würde er der Leidenschaft verfallen und sich erst langsam wieder ins Leben zurückentwickeln. Er bleibt aber auftragsbezogen, abgegrenzt und akzeptiert die zeitliche Begrenzung, damit akzeptiert er aber auch, daß es für die Erledigung seiner Aufgabe eine gute Zeit gibt. Ich kann nicht umhin, bei diesem Märchen an Menschen zu denken, die sehr von einer Ordnungs- und Pflichtstruktur bestimmt sind und sich selbst für ihre Leidenschaften nur jeweils eine bestimmte, befristete Zeit einräumen. Das bekommt den Leidenschaften in der Regel nicht so gut.

Der Prinz hat Liebe und Leidenschaft als Idee entdeckt, er hat das Lebenswasser, das Wasser der Schönheit und das Buch der Jugend gefunden – und jetzt will er das zunächst einmal in Sicherheit bringen. Bevor er aber das Schloß verläßt, schreibt er noch Name und Datum an die Wand – er hinterläßt seine Visitenkarte –, und er nimmt auch etwas von der Prinzessin mit, ein Stückchen Hemd. Er handelt nicht aus blinder Leidenschaft, es geht um Leidenschaft mit Verpflichtung, er übernimmt Verantwortung.

## Die neue innere Erfahrung in den Alltag zurückbringen

Auf seinem Heimweg stellen die steinalten Frauen dem Prinzen eigentümliche Fragen. Die eine will wissen: «Hast du alles erhalten?» Sie fragt also nach einem Geschenk. Und er antwortet: «Ja, ich habe alles gefunden.» Die zweite: «Ist dir alles gelungen?» Sie fragt nach einer Leistung. Und er: «Ich habe alles gefunden.» Die dritte: «Wie ist es dir ergangen?» Sie fragt nach dem Gefühl. Und er: «Ich habe alles empfangen.» Seine Haltung ist ausgesprochen bescheiden. Er hat gefunden, noch einmal gefunden, und er hat empfangen. Er hat also keine Heldentat vollbracht, sondern er ist beschenkt worden. Und dessen ist er sich auch bewußt.

Möglicherweise ist seine Bescheidenheit der Grund dafür, warum er jetzt noch zusätzlich beschenkt wird. Zum einen mit einem Taschentuch, dem «Tischlein-deck-dich» für die Zeiten der großen Not, dem Weinbecher, damit er nie Durst leiden muß, und der Schere, die, legt man sie auf den Stoff, selber Kleider macht. Solche Wundergegenstände werden in den Mythen gelegentlich von den Nornen, den Schicksalsgöttinnen, einem Menschen geschenkt. Man kann die drei steinalten Frauen also auch als die drei steinalten Nornen sehen, die dafür sorgen, daß der Schicksalsweg richtig beginnt, richtig weitergeht und auch gut aufhört. Diese Nornen geben dem Prinzen die «Schicksalsgaben»: Er wird aus einer positiven Muttersphäre heraus versorgt. Wo immer er auf der Welt ist, er hat genügend zu essen und zu trinken und kann sich mit Kleidern bedecken. Er bekommt alles, was lebensnotwendig ist. Jede dieser Frauen weist ihn darauf hin, daß er in große Not geraten wird, und er fragt nicht, rebelliert nicht, er nimmt einfach an. Das ist ein Verhalten, das Märchenhelden sehr oft an den Tag legen: Sie nehmen einfach an, was auf sie zukommt. Und das ist eine der Voraussetzungen für das Gelingen.

Nun hat das Gelingen aber auch seine Grenzen: die neidischen Brüder stellen sich ihm entgegen. In zahlreichen Varianten dieses Märchens wird der Jüngste ausgetrickst: er wird zum Beispiel in einen trockenen Brunnen hinuntergestoßen[28], die älteren Brüder, die unterwegs in einem Wirtshaus versumpft sind, stehlen ihm das Lebenswasser und tun dann so, als ob sie es gefunden hätten. In anderen Varianten kommt der Jüngste zu spät und hat dann eben das Nachsehen usw. Der Betrug der Brüder führt aber in allen Fassungen dazu, daß eine Entwicklung vorangetrieben wird.

Was immer man intrapsychisch erlebt, man muß es wieder in die «normale» Welt, in der man lebt, in den Alltag, hineinbringen, man muß es zurückbringen. Und das ist manchmal sehr schwierig. Die Brüder, die gezecht haben, die benehmen sich so, wie man sich in diesem System benimmt. Und von Neid gepackt, stehlen sie dem Jüngsten die drei Gegenstände und vertauschen sie. Offenbar gibt es richtiges Wasser des Lebens und falsches Wasser des Lebens. Das falsche Wasser des Lebens für das richtige zu halten hieße, in eine alte Haltung zurückzufallen, in die Haltung, die die Brüder repräsentieren. Es hieße, alles, was man auf der inneren Reise erlebt hat, in der alten Weise zu gebrauchen. Und das ist eine Form von Mißbrauch. Wir können unser eigenes Unbewußtes mißbrauchen, indem wir zwar neue, belebende Erfahrungen machen, nicht aber die damit verbundenen Konsequenzen ziehen, sondern versuchen, damit das alte System zu beleben. Also nicht uns und die Umwelt wirklich zu verändern, so daß wir lebendiger leben können, sondern dem Alten, Abgelebten noch einmal eine Spritze zu geben. Und das ist hier wahrscheinlich geschehen. Die Persönlichkeitsseite aber, die eine berührende und verändernde Erfahrung gemacht hat, die mit viel innerer Dynamik in Verbindung gekommen ist und die im Helden symbolisiert ist, soll im tiefen Wasser ersäuft werden. Der Prinz hat überhaupt keine Möglichkeit, sich zu verteidigen, der König stellt die älteren, «systemkonformen» Brüder nicht in Frage, das System hat für ihn immer recht.

Doch der Schiffer, ein Mensch, der sich auf dem Meer auskennt, der sich also mit der Dynamik des Unbewußten auseinandersetzen kann, tötet den Prinzen nicht, sondern bringt ihn auf sein Bitten hin in die große Wildnis. Jetzt lebt er im Wald bei den wilden Tieren. Auch die Prinzessin lebt in einem Wald mit wilden Tieren, und zudem mit kräftigen Männern zusammen. Die Auseinandersetzung mit den wilden Tieren, die er nicht geleistet hat, als er das Lebenswasser fand, wird nun nachgeholt. Als Zeichen, daß er getötet worden ist, bringt der Schiffer dem König eine Eberzunge, die Zunge eines männlichen Wildschweins. Der König hat offenbar keine Ahnung von Schweinezungen und Menschenzungen. Jetzt wird er betrogen – im Dienste des Lebens.

## *Die endgültige Verbindung mit dem Lebendigen*

Jede Faszination bewirkt, daß die Verdrängung geringer wird und daß autonome Entwicklungsprozesse im Unbewußten vonstatten gehen. Im Märchen werden diese Prozesse darin sichtbar, daß die Prinzessin in ihrem weit vom Prinzen entfernten Schloß aktiv wird. Sie hat einen kleinen Prinzen geboren, der herangewachsen ist, und nun verspürt sie Sehnsucht, den Vater ihres Sohnes zu sehen.

Für unsere Deutung wollen wir die Prinzessin zunächst nicht als eine eigenständige Frau ansehen (was wir natürlich auch könnten, dann würde das Märchen als Paarmärchen weitergeführt werden, in dem es um gegenseitige Erlösung geht[29]), sondern subjektstufig als eine Sehnsucht, die sich im Prinzen meldet. Eine Bewußtwerdungstendenz macht sich vom Unbewußten her bemerkbar, die «mitteilt», daß etwas Neues geworden ist. Durch den Kontakt zu dieser abgespaltenen, vitalen Seite ist etwas gewachsen, in Gang gekommen – ausgedrückt im Kind, das nun seinen Vater kennenlernen möchte. Das Neue meldet sich als Anspruch: Es soll einen Schritt weitergehen. Eine solche Situation kann sich in einem Traum ankündigen, sie kann sich aber auch in einem

Lebensgefühl des Entweder-Oder bemerkbar machen: Entweder geht jetzt wirklich etwas voran, verändert sich etwas tatsächlich, wird die Veränderung ins Leben getragen, oder der ganz große Konflikt, die Destruktion wird stattfinden.

Wieder reagieren die Repräsentanten des kollektiven Bewußtseins, der König und seine Söhne, in der alten Haltung. Der Jüngste, der von der Prinzessin gefordert wird, den gibt es gar nicht mehr in diesem System, den hat man vermeintlich getötet. Was er beigetragen hat zum neuen Leben, wurde nicht gesehen, nicht gewürdigt. Der König, der vorher den vermeintlichen Betrug so sehr geahndet hat, der danach auch betrogen wurde, betrügt nun selber. Er schickt den ältesten, dann den zweiten Sohn an der Stelle des nicht mehr vorhandenen Jüngsten. Die beiden ersten Söhne gehen in einer falschen Haltung und verraten sich dadurch. Im Märchen kommt dies darin zum Ausdruck, daß sie es nicht wagen, über den roten Teppich zu reiten. Sie zeigen damit, daß sie nicht auf die Prinzessin bezogen sind, sondern auf habituelle Werte. Sie können auch gar nicht auf die Prinzessin bezogen sein, denn sie haben sie überhaupt nie gesehen, sie haben die Erfahrung der Faszination nicht gemacht. Es geht ihnen um materielle Werte: «Es wäre ein Jammer, wenn ich mit meinem Pferd da drüber ginge und es allenfalls noch was fallen ließe.» Es wäre ein Jammer, wenn etwas so Wertvolles kaputt gemacht würde, denken sie. Wertvoll ist für sie aber nicht ein innerer, sondern ein äußerlicher Wert, ein materieller Wert. Damit stellt sich heraus, daß diese Königssöhne die falschen sind, und es wird ihnen der Kopf abgehauen.

Was heißt das? Diese alte Haltung kann von der Prinzessin nicht akzeptiert werden, sie verlangt eine Veränderung, sie verlangt Bezogenheit auf sich und auf das Kind, das für die Zukunft steht. Alles, was nicht in dieser Haltung geschieht, wird gnadenlos eliminiert. Nur der jüngste Sohn vertritt die neue Haltung. Zunächst aber muß er gefunden werden. Daß es allenfalls genügen würde, Knochen von ihm zu bringen, das geht auf die Vorstellung zurück, daß in den Knochen die Essenz eines Wesens sei. Und um diese Essenz, diese neue Einstellung geht es ihr wohl.

Wenden wir uns nun dem Prinzen zu. Er lebt in der Wildnis mit den wilden Tieren, denen er von seinem Essen und Trinken abgibt, das ihm von seinem Taschentuch gespendet wird. Das können wir so verstehen: Er muß mit seinen vielen wilden Tierseiten zusammenleben, die er so lange ausgespart hat, er muß sich mit ihnen auseinandersetzen; dabei scheint er recht angstfrei zu sein. Und er ist ungeheuer geschickt in der Auseinandersetzung mit ihnen. Er macht keinen Unterschied zwischen sich und den Tieren. Er verhält sich nicht so, als seien sie etwas anderes als er, etwas Fremdes, Bedrohliches, sondern er vermittelt ihnen – und wohl auch sich selbst – das Gefühl, daß sie und er gleich seien. Und er geht noch einen Schritt weiter: Er schneidert ihnen mit Hilfe seiner Wunderschere Kleider. Passen wir unseren wilden Tierseiten Kleider an, dann werden sie noch menschenähnlicher, dann können wir sozusagen von gleich zu gleich mit ihnen umgehen, was ihre Bedrohlichkeit noch weiter vermindert.

In der Wildnis hat der Prinz also versucht, sich mit seinen Triebseiten, mit seinen Instinktseiten und seinen Intuitionen auseinanderzusetzen, er hat versucht, sie dem Menschsein anzunähern, sie zu integrieren. Gut ausgerüstet von diesen steinalten Müttern, das heißt mit einem großen Vertrauen, daß ihm aus seinem Unbewußten positive Kräfte zufließen, hat er alle Möglichkeiten, das zu tun. Er lebt sein eigenes Leben im Wald, und er geht nicht nur mit den wilden Tieren um, er scheint auch zu wissen, was am Königshof für Machenschaften vor sich gehen. Damit ist er autonom geworden, nicht mehr dem Verhalten seiner Brüder ausgeliefert, aber auch nicht mehr in der Haltung eines Sohnes. Er hat zu sich gefunden.

Als der Hilferuf des Vaters kommt, kehrt er nicht seinetwegen in die Welt zurück, sondern um der Prinzessin willen. Er hat sich abgelöst, ist klar bezogen auf die Frau, die er liebt. Er hat also die neuen Werte in sein Leben integriert, er ist nicht mehr von seinen Gefühlen abgespalten. Und das drückt er auch aus. Er sieht die schwarze Schabracke nicht, er reitet darüber, denkt nur an die Prinzessin.

Ein ganz eigentümlicher Schluß fügt sich nun an. In dem Augenblick, in dem der Prinz der Prinzessin beweisen kann, daß er es war, der damals im Schloß den Namen an die Wand geschrieben und ein Stück von ihrem Hemd mitgenommen hat, und daß er der Vater des Kindes ist, ist auch «die Zauberei gebrochen». Da fragt man sich natürlich, um welchen Zauber es sich wohl handelt. Aus den wilden Tieren werden wieder Menschen. War das der Zauber? Daß das Weibliche und mit dem Weiblichen auch die instinktive Seite verdrängt und dadurch wild und aggressiv geworden ist? Wir wissen, je mehr wir unsere Emotionen verdrängen, um so wilder tummeln sie sich in unserer Seele. Die wilden Tiere werden nun Menschen, vornehme Leute. Und die beiden sind ein Paar mit einem großen Reich. Das ist ungefähr das Beste, was man in einem Märchen gewinnen kann. Zudem hat die Prinzessin eine relativ gleichgewichtige Rolle in der Partnerschaft. Das ist nicht immer der Fall in den Märchen.

## Was das Leben in diesem Märchen gelingen läßt

Wiederum haben wir einen Helden vor uns, dem das Gelingen sozusagen auf die Fahne geschrieben ist, ausgedrückt in dem lapidaren Satz: Er geht seinen Weg, und sein Weg ist der

Weg des Erfolgs. Einmal aus dem herrschenden System ausgebrochen, wird er geleitet von dem positiv Mütterlichen, das ihn begleitet und trägt, ihn aber trotzdem nicht einlullt. Das ist nicht selbstverständlich. Es gibt andere Märchen, in denen das Mütterliche zwar auch tragend und nährend ist, dies aber dazu führt, daß der Held nicht mehr aus dem Wald herausfindet. Dieser Prinz vollzieht jedoch immer die Trennungsschritte, die notwendig sind.

Er ist ein Märchenheld, der immer das Notwendige tut. Nicht einmal bei den steinalten Frauen fragt er nach der großen Not, in die er geraten soll, und erst beim Schiffer, als es wirklich um sein Leben geht, spricht er und bittet um sein Leben. Er kann also durchaus unterscheiden, wann es darum geht, geschmeidig mit dem Prozeß des Lebens zu fließen, und wann er sich wehren muß. Zudem steht er im Kontakt mit helfenden Gestalten, um die er sich nicht eigentlich bemühen muß. Er erweist sich aber als dankbar.

Die Gefährdung ist zu Beginn des Märchens eine grundsätzliche: Es könnte ja sein, daß das Wasser des Lebens einfach nicht zu finden ist, dann würde er sein Vaterhaus für immer verlieren. Eine weitere Gefährdung entsteht durch den Betrug der Brüder. Dieser Betrug ist so zu verstehen, daß der Held in einer falschen Einstellung mit dem umgeht, was er auf seiner inneren Reise gefunden hat. Daß er es umgehend zu gebrauchen versucht, schnell zu gebrauchen versucht, statt daß er den Prozeß, der sich aus der innern Erfahrung ergibt, auch wirklich ins Leben einfließen läßt, damit er allmählich integriert werden kann. Das ist die große Gefährdung.

Und wie steht es mit dem Vertrauen? Im Märchen vom «Teufel mit den drei goldenen Haaren» begegneten wir einem Urvertrauen. Im Märchen vom «Mädchen ohne Hände», da hatten wir das Gefühl, daß, obwohl ursprüngliches

Vertrauen kaum vorhanden ist, dennoch ein basales Vertrauen ins Leben gewonnen werden konnte. Und beim Prinzen haben wir den Eindruck, daß er auf eine sehr menschliche Art vertraut. Es hätte nicht unbedingt gelingen müssen, ein Versagen hätte auch drin gelegen. Es gelingt aber, weil in Gestalt der steinalten Frauen, der Schicksalsfrauen, und ihrer Gaben ein Tragendes vorhanden ist. Und das Leben gelingt auch deshalb – und das ist neu –, weil der Prinz den Zugang zu seiner Vitalität, die so stark abgespalten war, gefunden hat. Wenn die ganze Lebensdynamik, das, was unser Leben in Gang bringt und in Gang hält, verdrängt ist, und wenn zu diesem Verdrängten gefunden wird, ist es so, als würde einem Faß, das wirklich übervoll ist, der Spund herausgeschlagen. Wenn so viel Lebensenergie verdrängt ist und es gelingt, mit ihr in Beziehung zu treten, dann wird das Leben, das vorher depressiv und perspektivenlos vorbeigegangen ist, wieder lebendig, blutvoll, ein Versprechen auf die Zukunft auch, das sich in dem Kind zeigt. Das nennt dieses Märchen «gelingen».

# Aschenputtel – oder: Gelingen heißt, Einseitigkeiten aufzuheben

Zum Gelingen gehört ganz wesentlich, daß man alle guten Erfahrungen, die man vor einer schwierigen Lebenssituation gemacht hat, nicht vergißt, sondern sie in ihrem Wert erkennt und nützt.

## Aschenputtel[30]

Einem reichen Mann wurde seine Frau krank, und als sie fühlte, daß ihr Ende heran kam, rief sie ihr einziges Töchterlein zu sich ans Bett und sprach: «Bleib fromm und gut, so wird dir der liebe Gott immer beistehen und ich will vom Himmel herab auf dich blicken und um dich seyn.» Darauf that sie die Augen zu und verschied. Das Mädchen ging jeden Tag hinaus auf ihr Grab und weinte und blieb fromm und gut. Der Schnee aber deckte ein weißes Tüchlein auf das Grab, und als die Sonne es wieder herabgezogen hatte, nahm sich der Mann eine andere Frau.

Die Frau hatte zwei Töchter, die sie mit ins Haus brachte, und die schön und weiß von Angesicht waren, aber garstig und schwarz von Herzen. Da ging eine schlimme Zeit für das Stiefkind an. «Was will der Unnütz in den Stuben», sprachen sie, «wer Brot essen will, muß es erst verdienen, fort mit der Küchenmagd.» Da nahmen ihm die Schwestern seine schönen Kleider, gaben ihm einen grauen alten Kittel anzuziehen, und dann lachten sie es aus und führten es in die Küche. Nun mußte es so schwere Arbeit thun, früh vor Tag aufstehen, Wasser tragen, Feuer anmachen, kochen und waschen. Dabei thaten ihm die Schwestern alles Herzeleid an, spotteten es und schütteten ihm die Erbsen und Linsen in die Asche, so daß es sitzen und sie wieder auslesen mußte. Abends, wenn es müd war, kam es in kein Bett, sondern mußte sich neben dem Herd in die Asche legen. Und weil es darum immer staubig und schmutzig aussah, nannten sie es Aschenputtel.

Es trug sich zu, daß der Vater einmal in die Messe ziehen wollte, da fragte er die beiden Stieftöchter, was er ihnen mitbringen sollte? «Schöne Kleider», sagte die eine, und «Perlen und Edelsteine» die zweite. «Nun, Aschenputtel», sprach er, «was willst du haben?» – «Vater, das erste Reis, das euch auf eurem Heimweg an den Hut stößt», antwortete Aschenputtel. Er kaufte nun für die beiden Stiefschwestern die Kleider, Perlen und Edelsteine, und auf dem Rückweg, als er durch einen grünen Busch ritt, streifte ihn ein Haselreis und stieß ihm den Hut ab. Da brach er das Reis, und als er nach Haus kam, gab er den Stieftöchtern, was sie sich gewünscht hatten, und dem Aschenputtel gab er das Reis von dem Haselbusch. Aschenputtel nahm es, ging damit zu seiner Mutter Grab und pflanzte es darauf und weinte so sehr, daß das Reis von seinen Thränen begossen ward. Es wuchs aber und ward ein schöner Baum. Aschenputtel ging alle Tage dreimal darunter, weinte und betete und allemal kam ein Vöglein auf den Baum und gab ihm, was es wünschte.

Es begab sich aber, daß der König ein Fest anstellte, das drei Tage dauern sollte, damit sich sein Sohn eine Braut aussuchen könnte. Die zwei Stiefschwestern waren auch dazu eingeladen, riefen Aschenputtel und sprachen: «Nun kämm uns die Haare, bürst uns die Schuhe und schnall uns die Schnallen, wir tanzen auf des Königs Fest.» Das that Aschenputtel und weinte, weil es auch gern zum Tanz mitgegangen wär, und bat die Stiefmutter gar sehr, sie mögt es ihm erlauben. «Du Aschenputtel», sprach sie, «hast nichts am Leib und hast keine Kleider und kannst nicht tanzen und willst zur Hochzeit!» Als es noch weiter bat, sprach sie endlich: «Ich will dir eine Schüssel Linsen in die Asche schütten und wenn du die in zwei Stunden wieder ausgelesen hast, so sollst du mitgehen.» Nun schüttete sie ihm die Linsen in die Asche, aber das Mädchen ging vor die Hinterthüre nach dem Garten zu und rief: «Ihr zahmen Täubchen, ihr Turteltäubchen, all ihr Vöglein unter dem Himmel, kommt und helft mir lesen:

die guten ins Töpfchen,

die schlechten ins Kröpfchen!»

Da kamen zum Küchenfenster zwei weiße Täubchen herein, und darnach die Turteltäubchen und endlich schwirrten und schwärmten alle Vögelein unter dem Himmel herein und ließen sich um die Asche nieder. Und die Täubchen nickten mit dem Köpfchen und fingen an: pik, pik! pik, pik! Und da fingen die übrigen auch an pik, pik! pik, pik! und lasen alle guten Körnlein in die Schüssel. Wie eine Stunde herum war, waren sie schon fertig und flogen alle wieder hinaus, da brachte es die Schüssel der Stiefmutter und freute sich und glaubte, nun mit auf die Hochzeit gehen zu dürfen. Aber sie sprach: «Nein, du Aschenputtel, du hast keine Kleider und kannst nicht tanzen, du sollst nicht mitgehen.» Als es nun weinte, sprach sie: «Wenn du mir zwei Schüsseln voll Linsen in einer Stunde aus der Asche rein lesen kannst, so sollst du mitgehen», und dachte dabei, das kann es nimmermehr. Nun schüttete sie zwei Schüsseln Linsen in die Asche, aber das Mädchen ging vor die Hausthüre nach dem Garten zu und rief: «Ihr zahmen Täubchen, ihr Turteltäubchen, all ihr Vöglein unter dem Himmel, kommt und helft mir lesen:

die guten ins Töpfchen,

die schlechten ins Kröpfchen!»

Da kamen zum Küchenfenster zwei weiße Täubchen herein und darnach die Turteltäubchen und endlich schwirrten und schwärmten alle Vöglein unter dem Himmel herein und ließen sich um die Asche nieder. Und die Täubchen nickten mit ihren Köpfchen und fingen an pik, pik! pik, pik! und da fingen die übrigen auch an pik, pik! pik, pik! und lasen alle guten Körner in die Schüsseln. Und eh eine halbe Stunde herum war, waren sie schon fertig und flogen alle wieder hinaus; da brachte es der Stiefmutter die Schüsseln und freute sich und glaubte nun mitgehen zu dürfen. Aber sie sprach: «Es hilft alles nichts, du kommst nicht mit, du hast keine Kleider und kannst nicht tanzen und wir müßten uns nur schämen.» Darauf ging sie mit ihren zwei Töchtern fort.

Als nun niemand mehr daheim war, ging Aschenputtel zu seiner Mutter Grab unter dem Haselbaum und rief:

«Bäumchen rüttel dich und schüttel dich!
Wirf Gold und Silber über mich!»

Da warf ihm der Vogel ein golden und silbern Kleid herunter, und mit Seide und Silber ausgestickte Pantoffeln. Das zog es an und ging zur Hochzeit. Ihre Schwestern aber und die Stiefmutter kannten es nicht und meinten, es müßt ein fremdes Königsfräulein seyn, so schön sah es in den reichen Kleidern aus. An Aschenputtel dachten sie gar nicht und glaubten, es läg daheim im Schmutz. Der Königssohn kam ihm entgegen und nahm es bei der Hand und tanzte mit ihm. Er wollte auch mit sonst niemand tanzen, also daß er ihm die Hand nicht los ließ und wenn ein anderer kam, es aufzufordern, sprach er: «Das ist meine Tänzerin.»

Es tanzte bis Abend war, da wollte es nun nach Hause gehen. Der Königssohn aber sprach: «Ich gehe mit und begleite dich», denn er wollte sehen, wem das schöne Mädchen angehörte. Sie entwischte ihm aber und sprang in das Taubenhaus. Nun wartete der Königssohn, bis der Vater kam, und sagte ihm, das fremde Mädchen wär in das Taubenhaus gesprungen. Da dachte er: sollte es Aschenputtel sein, und sie mußten ihm Axt und Hacken bringen, damit er das Taubenhaus entzwei schlagen konnte; aber es war niemand darin. Und als sie ins Haus kamen, lag Aschenputtel in seinen schmutzigen Kleidern in der Asche und sein trübes Öllämpchen brannte im Schornstein. Denn es war geschwind durch das Taubenhaus gesprungen und zu dem Haselbäumchen gegangen, da hatte es die schönen Kleider ausgethan und aufs Grab gelegt, und der Vogel hatte sie wieder weggenommen, es aber hatte sich in seinem grauen Kittelchen in die Küche zur Asche gesetzt.

Am andern Tag, als das Fest von neuem anhub, und die Eltern und Stiefschwestern wieder fort waren, ging Aschenputtel zu dem Haselbaum und sprach:

«Bäumchen, rüttel dich und schüttel dich!
Wirf Gold und Silber über mich!»

Da warf der Vogel ein noch viel stolzeres Kleid herab, als am vorigen Tag. Als es damit auf die Hochzeit kam, erstaunte jedermann über seine Schönheit, der Königssohn aber hatte schon auf es gewartet, nahm es bei der Hand und tanzte nur allein mit ihm. Wenn die andern kamen und es aufforderten, sprach er: «Das ist meine Tänzerin.» Als es nun Abend war, wollte es fort und der Königssohn ging mit und wollte sehen, in welches Haus es ginge, aber es sprang ihm fort und in den Garten hinter dem Haus. Darin stand ein schöner, großer Birnbaum voll herrlichem Obst, auf den stieg es gar behend, und der Königssohn wußte nicht, wo es hingekommen war. Er wartete aber, bis der Vater kam, und sprach zu ihm: «Das fremde Mädchen ist mir entwischt und ich glaube, daß es auf den Birnbaum gesprungen ist.» Der Vater dachte, sollte es Aschenputtel seyn! Und ließ die Axt holen und hieb den Baum um, aber es war niemand darauf. Und als sie in die Küche kamen, lag Aschenputtel da in der Asche, wie gewöhnlich, denn es war auf der andern Seite vom Baum herabgesprungen, hatte dem Vogel auf dem Haselbäumchen die schönen Kleider wieder gebracht und sein grau Kittelchen angezogen.

Am dritten Tag, als die Eltern und Schwestern dahin waren, ging Aschenputtel wieder zu seiner Mutter Grab und sprach zu dem Bäumchen:

«Bäumchen, rüttel dich und schüttel dich!
Wirf Gold und Silber über mich!»

Nun warf ihm der Vogel ein Kleid herab, das war so prächtig, wie es noch keins gehabt, und die Pantoffeln waren ganz golden. Als es zu der Hochzeit kam, wußten sie alle nicht, was sie vor Verwunderung sagen sollten, der Königssohn tanzte ganz allein mit ihm, und wenn es einer aufforderte, sprach er: «Es ist meine Tänzerin.»

Als es nun Abend war, wollte Aschenputtel fort und der Königssohn wollte es begleiten, aber es sprang ihm fort. Doch verlor es seinen linken ganz goldenen Pantoffel, denn der Königssohn hatte Pech auf die Treppe streichen lassen und daran blieb er hängen. Nun nahm er den Schuh und ging am andern Tag damit zu dem Mann und sagte: «Die, welcher dieser goldene Schuh passe, die solle seine Gemahlin werden.» Da freuten sich die beiden Schwestern, weil sie schöne Füße hatten. Die Älteste ging mit dem Schuh in die Kammer und wollte ihn anprobieren und die Mutter stand dabei. Aber sie konnte mit der großen Zehe nicht hineinkommen und der Schuh war ihr zu klein, da reichte ihr die Mutter ein Messer und sprach: «Hau die Zehe ab, wann du Königin bist, so brauchst du nicht mehr zu Fuß zu gehen.» Das Mädchen hieb die Zehe ab, zwängte nun den Schuh hinein und ging zum Königssohn. Der nahm es als seine Braut auf sein Pferd und ritt mit ihr fort. Sie mußten aber an dem Haselbäumchen, das auf dem Grabe stand, vorbei, da saßen die zwei Täubchen drauf und riefen:

«Rucke di guck! Rucke di guck!
Blut ist im Schuck (Schuh),
der Schuck ist zu klein,
die rechte Braut sitzt noch daheim!»

Da blickte er auf ihren Fuß und sah, wie das Blut herausquoll. Nun wendete er sein Pferd um, brachte die falsche Braut wieder nach Haus und sagte: «Das ist nicht die rechte, die andere Schwester soll den Schuh anziehen.» Sie ging in die Kammer und kam mit den Zehen in den Schuh, aber hinten die Ferse war zu groß. Da reichte ihr die Mutter ein Messer und sprach: «Hau ein Stück von der Ferse ab, wenn du Königin bist, brauchst du nicht mehr zu Fuß zu gehen.» Das Mädchen hieb ein Stück von der Ferse ab, zwängte den Fuß in den Schuh und ging heraus zum Königssohn. Der nahm sie als seine Braut auf sein Pferd und ritt mit ihr fort. Als sie an dem Haselbäumchen vorbeikamen, saßen die zwei Täubchen darauf und riefen:

«Rucke di guck! Rucke di guck!

Blut ist im Schuck,

der Schuck ist zu klein,

die rechte Braut sitzt noch daheim!»

Er blickte nieder auf ihren Fuß und sah, wie das Blut aus dem Schuh quoll und an den weißen Strümpfen ganz roth heraufgestiegen war. Da wendete er sein Pferd und brachte die falsche Braut wieder zurück. «Das ist nicht die rechte», sprach er, «habt ihr keine andere Tochter?» – «Nein», sagte der Mann, «nur von meiner verstorbenen Frau ist noch ein kleines, garstiges Aschenputtel da, das kann aber nicht die Braut seyn.» Der Königssohn sprach, er sollt' es heraufschicken, die Mutter aber antwortete: «Ach nein, das ist viel zu schmutzig, das darf sich nicht sehen lassen.» Er aber wollt es durchaus haben, und Aschenputtel mußte gerufen werden. Da wusch es sich erst Hände und Angesicht rein, ging dann hin und neigte sich vor dem Königssohn, der ihm seinen goldenen Schuh reichte. Nun streifte es den schweren Schuh vom linken Fuß ab, setzte diesen auf den goldenen Pantoffel und drückte ein wenig, so stand es darin, als wär er ihm angegossen. Und als es sich aufbückte, erkannte er es im Angesicht und sprach: «Das ist die rechte Braut!» Die Stiefmutter und die beiden Schwestern erschraken und wurden bleich vor Ärger, aber er nahm Aschenputtel aufs Pferd und ritt mit ihm fort. Als sie an dem Haselbäumchen vorbei kamen, riefen die zwei weißen Täubchen:

«Rucke di guck! Rucke di guck!

Kein Blut im Schuck,

der Schuck ist nicht zu klein,
die rechte Braut, die führt er heim!»

Und als sie das gerufen, kamen sie beide hergeflogen und setzten sich dem Aschenputtel auf die Schultern, eine rechts, die andere links, und blieben da sitzen.

Als die Hochzeit mit dem Königssohn sollte gehalten werden, kamen die falschen Schwestern, wollten sich einschmeicheln und Theil an seinem Glück nehmen. Als es nun zur Kirche ging, war die älteste zur rechten, die jüngste zur linken Seite, da pickten die Tauben einer jeden das eine Aug aus, hernach als sie heraus gingen, war die älteste zur linken und die jüngste zur rechten, da pickten die Tauben einer jeden das andere Auge aus und waren sie also für ihre Bosheit und Falschheit mit Blindheit auf ihr Lebtag gestraft.

\* \* \*

Lesen wir ein Märchen, das wir aus der Kindheit kennen, dann werden wir es doppelt erleben: Wir lesen es so, wie wir es heute lesen würden, und mit großer Wahrscheinlichkeit erinnern wir uns, wie wir als Kind dieses Märchen gehört und erlebt haben. Die beiden Les- oder Hörarten müssen nicht miteinander übereinstimmen. Es ist in diesem Fall sinnvoll, sich die Unterschiede bewußt zu machen, denn sie entsprechen den Veränderungen, die wir selbst durchgemacht haben.

## Gesetzte Bedingungen für das gelingende Leben

In diesem Märchen wird schon zu Beginn eine Bedingung für das Gelingen des Lebens genannt: Die Mutter ist krank, sie wird sterben, und sie weiß, daß sie in den Himmel kommen wird. So sagt sie zu ihrer Tochter: «Bleib fromm und gut, so wird dir der liebe Gott immer beistehen, und ich will vom

Himmel herab auf dich blicken und um dich sein.» Das ist die Vorgabe, die Bedingung für das gelingende Leben – im Weltbild der Mutter. «Fromm und gut» könnte auch übertragen gemeint sein und bedeuten: Bleibe so, wie ich war, dann wird es dir gut gehen. Das Märchen suggeriert, daß man fromm und gut sein soll als Frau. Man ist dann zwar krank und stirbt auch, aber dafür wird einem der liebe Gott beistehen – eine recht ambivalente Angelegenheit, ein etwas problematisches Frauenbild.

Geben Eltern in den Märchen eine Vorgabe für gelingendes Leben, dann wird Leben erst recht schwierig. Denn jede Generation muß das Leben ihrem Wesen gemäß leben. Würden wir einfach so leben, wie es unsere Elterngeneration für gut befunden hätte, dann würde sich noch weniger bewegen auf dieser Welt.

Das Problem, das dieses Märchen in der Ausgangssituation skizziert, ist die Ablösung von der nur guten Mutter und dem nur guten Selbstbild. Solange man sich selber als Kind einer nur guten Mutter empfindet, ist man überzeugt davon, ein nur gutes Selbst zu sein, man hat ein einseitig gutes Selbstbild von sich. Das entspricht aber nicht der Realität, kein Mensch ist nur gut. Da die «nur gute Mutter» stirbt, das Stadium vorbei ist, in dem sich die Tochter als «nur gut» sehen konnte, kann das Selbstbild des Mädchens realitätsgerechter ausgeweitet werden. Dieses Sterben können wir als konkreten Tod der Mutter verstehen, wir können es aber auch dahingehend verstehen, daß eine neue Form der Mutterbeziehung angezeigt ist, die alte Beziehung zur Mutter sterben muß. Es geht um eine neue weibliche Identität der Märchenheldin, und weil Märchen auch kollektive Geschichten sind, so geht es auch im Kollektiv um ein neues Frauenbild. Denn Aschenputtel wird Königin werden, das heißt, sie wird in der Zukunft das Frauenbild eines Kollektivs prägen.

## Die Verarbeitung der Trauer

Die Mutter ist gestorben; wir haben es mit einer Trauersituation zu tun. Wie der Vater trauert, das wissen wir nicht, dafür um so genauer, wie das Mädchen trauert. Es bleibt in seiner Trauer der Mutter verbunden. Das Bild vom Schnee, der ein weißes Tüchlein auf «das Grab deckte», zeigt deutlich, daß es kalt wird, daß psychischer Winter herrscht. Aber das Mädchen ist überzeugt davon, daß die Mutter hilft und Gottvater ebenso. Gottvater spielt dann eine besondere Rolle, wenn der eigene Vater nicht besonders wichtig war oder wenn sich ein Mädchen nicht besonders auf ihn beziehen konnte. Das entspricht auch dem alltäglichen Leben: Ist der Vater wenig präsent, dann wird irgendeine väterliche Instanz eine große Bedeutung annehmen, wobei eine konkrete männliche Beziehungsperson diese väterliche Instanz repräsentieren kann, aber auch – abstrakter – von Männern vermittelte Ideen oder eben ein Gottvater.

## Leben wird grau – Entwicklung zum Wendepunkt

Der Vater nimmt nach dem Winter eine neue Frau, und das Märchen macht deutlich, daß diese nicht das neue Frauenbild verkörpern kann.

Für das Mädchen bricht nun eine schlechte Zeit an; es wird zu einem Aschenputtel. Und wie wird es beschrieben? Es ist gutgläubig, gutherzig, angepaßt – und es wird ausgebeutet, unterdrückt, entwertet, gequält, gekränkt. Das Märchen drückt dies auch farblich aus: Das Mädchen lebt nun im Bereich der Farbe Grau. Aschenputtel ist die, die in der Asche sitzt, und Asche ist grau, auch der alte Kittel, den sie erhält anstelle der schönen Kleider, ist grau, und sie selbst sieht immer staubig und schmutzig und grau aus. Dieses Grau widerspiegelt die Gräue des Lebens, das Mädchen ist verschattet, ausgestoßen, vielleicht depressiv. Aber sie erinnert sich immer noch an die guten und positiven Seiten ihrer Mutter, und damit an ein gutes eigenes Leben. Sie weiß trotz allem, daß das Leben auch anders sein kann, und das ist ganz wichtig. Es ist ein großer Unterschied, ob ich in einer schlimmen Lebenssituation noch weiß, daß Leben auch anders sein kann, oder ob ich das vergessen habe. Es ist eine Lebenseinstellung, die einem nicht einfach zufällt, es ist eine Leistung, die man sich abverlangen muß, daß man nicht aus Trotz alles verloren gibt, sondern trotz allem das Gute bewahrt.

Aschenputtel, das Hausmädchen, verrichtet die niedrigste Arbeit, die es überhaupt gibt für eine Frau. Aber sie arbeitet auch am Herd. Der Herd ist das Zentrum eines Hauses, der Herd erzeugt Wärme, auf dem Herd wird gekocht, er ist der Ort der Wandlung. Und diese beiden einander entgegenstehenden Aspekte werden sichtbar gemacht: Aschenputtel soll erniedrigt werden, sie ist aber mit wichtigen, ganz elementaren Tätigkeiten beschäftigt, die das Überleben sichern und die letztlich mit dem Prinzip Wandlung zu tun haben. Beim Ausführen von ganz elementaren Tätigkeiten kommen wir zu uns. Elementare Tätigkeiten bringen Seelenruhe, wenn wir uns nicht dagegen wehren.

Aschenputtel könnte vor dem Tod ihrer Mutter eine verwöhnte Tochter gewesen sein, der man suggeriert hat, daß sie besonders ist. Man kann nur einem Kind raten, fromm und gut zu bleiben, das bereits fromm und gut ist. Zu diesem so guten Mädchen gesellen sich nun Stiefschwestern, und diese Stiefschwestern verkörpern sein Gegenbild. Äußerlich ist Aschenputtel grau, unansehnlich, schmutzig, die Schwestern dagegen sind schön und weiß von Angesicht. Aschenputtel aber ist hell im Herzen, die beiden andern sind «garstig und schwarz von Herzen». Sie halten das Leistungsprinzip hoch, allerdings nur für Aschenputtel und nicht für sich. Sie scheinen schadenfreudig zu sein, und sie spielen Aschenputtel übel mit. Sie holen sich ihren eigenen Selbstwert über die Abwertung der Schwester und möglicherweise auch noch über die Identifikation mit dem Reichtum des Stiefvaters. Diese Schwestern sind auch mißgünstig und neidisch, das sehen wir am Schluß des Märchens. Wenn wir bedenken, welch schlechte Eigenschaften sie haben und welch unangenehmes Verhalten sie an den Tag legen, dann liegt die Idee nahe, daß sie den verdrängten Schatten des Aschenputtel symbolisieren.[31] Wenn jemand so lieb, so fromm, so gut, so herrlich ist, dann müssen alle andern menschlichen Eigenschaften, die ja auch vorhanden sind, projiziert werden. Und hier werden sie auf die beiden Schwestern projiziert.

Mit dem Auftauchen der Schwestern wird der Schatten erlebbar, und Aschenputtel muß in eine Auseinandersetzung mit diesem Schatten treten. Vom Lebensgefühl her ist ihr Leben nun zappenduster geworden. Es ist ein Zustand der «Nigredo», der Schwärze, des Chaos, und das ist eine Lebenssituation, in der sich alles verändern muß. Das Mädchen kann in dieser Situation nur die Aschenputtelseite leben, dienstbar sein, angepaßt sein. An Auswege aus der Situation denkt sie gar nicht, sie identifiziert sich mit ihrem großen Unglück: Sie ist ein großartiges Opfer.

Sehen wir die Stiefschwestern als ihre Schattenseiten, dann wissen wir aber, daß sie sich auch anders benehmen kann. Wenn sie sich mit dieser Schwesternseite identifiziert, mit ihren Schattenanteilen, dann ist sie hochnäsig, sie entwertet ihr früheres Dasein, ist entwertend gegen andere, aggressiv, gehässig usw. Wir sehen also beide Verhaltensmöglichkeiten – Aschenputtel und Stiefschwestern – als Seiten einer Frau; in der im Märchen gegebenen Situation lebt sie vor allem die Aschenputtelseite, also die dienstbare, angepaßte Seite.

Noch ist aber auch die innere Repräsentanz der guten Mutter vorhanden. Das innere Bild von der guten Mutter ist ganz lebendig, und Aschenputtel weiß mit Gewißheit, daß die Mutter ihr helfen wird. Auch das Bild vom hilfreichen lieben Gott ist lebendig. Sie hat also nicht nur eine schwere Schattenproblematik, sondern sie kann sich gleichzeitig auf diese inneren Bilder beziehen, die mit einem Lebensgefühl, einer Gewißheit verbunden sind, daß das Leben gelingen wird. Aber das ist erst ein Versprechen, das sich noch nicht realisiert hat. Dazu muß sich etwas verändern.

## Der Wunsch als Versprechen für eine bessere Zukunft

Der Vater zieht zur Messe, wir wissen allerdings nicht, ob er in die Kirche zur Messe geht oder nur den Jahrmarkt besucht. Auf alle Fälle bringt er Geschenke für die Töchter nach Hause. Er fragt auch Aschenputtel nach ihren Wünschen. «Nun, Aschenputtel», spricht der Vater sie an. Sie wird also auf ihre Identität als Aschenputtel festgelegt, und das ist sehr kränkend. Es ist kränkend, wenn man von außen auf eine Rolle angesprochen und darauf festgelegt wird, die einem aufgezwungen worden ist. Immerhin nimmt der Vater das Mädchen aber wahr, er fragt auch, was sie wünscht. Und nun dieser eigentümliche Wunsch: das erste Reis, das dem Vater auf dem Heimweg an den Hut stößt. Ein Reis ist ein junger Zweig, ein Pflanzenschößling, also etwas, das lebendig ist, das wächst und Wurzeln schlagen und zu einem Baum werden kann.

Die Frage nach einem Wunsch ist immer eine ganz wichtige Frage, denn es ist die Frage nach der Sehnsucht. Wo geht die Sehnsuchtsphantasie hin, was brauche ich, was ist notwendig für mein Leben? Wir können ganz alltägliche Wünsche haben, die ein aktuelles Bedürfnis abdecken, etwa, ein bestimmtes Getränk zu bekommen oder ein bestimmtes Nahrungsmittel. Wir können aber auch unsere Phantasie befragen und dann auf einen echten, tiefen Wunsch stoßen. Ein solcher Wunsch ist Ausdruck unserer Identität, in die Zukunft hinein entworfen und daher auch mit Hoffnung verbunden.

Das Reis, das der Vater Aschenputtel mitbringt, entstammt nicht ihrem jetzigen Lebensbereich, sondern es kommt aus dem Naturbereich, den wir auch als den Bereich der «großen Mutter Natur» bezeichnen. Das Wachstum, das dieser Pflanzensproß, der zu einem Baum werden wird, versinnbildlicht, kommt also nicht primär aus dem Bereich ihrer persönlichen guten Mutter, sondern aus der hinter ihr stehenden Natur, vermittelt durch den Vater. Der Vater ist gehalten, an sie zu denken. Er verpaßt auch fast die Erfüllung ihres Wunsches, er muß sich erst anstoßen lassen. Eigentlich sagt Aschenputtel mit ihrem Wunsch, daß sie einen Anstoß braucht für etwas Neues im Leben, und dieses Reis ist ein «Antrieb» zu ihrem Lebensbaum. Dieses Reis bringt sie auf das Grab, und sie weint. Möglicherweise war sie vorher aggressiv, jetzt läßt sie den Tränen freien Lauf, vielleicht kann sie nun trauern und damit vermeiden, depressiv zu werden. Daß dieses Reis anwächst, Wurzeln treibt, heißt, daß jetzt etwas Neues wächst – ein Versprechen für die Zukunft.

Das innere Bild einer Verbindung vom Grab zu ihrer Mutter im Himmel, das sie schon in sich getragen hat, dieses innere Bild wird jetzt in der Welt sichtbar, es wächst langsam vor sich hin, entwickelt sich ganz allmählich, und dabei wird es konkret, faßbar. Der Baum, der heranwächst, wird zum sichtbaren Zeichen dafür, daß eine Beziehung zur positiven Mutter besteht, trotz allem. Symbolisch ausgedrückt, würde das heißen: Langsam wird aus dieser positiven Verbindung zur Mutter im Jenseits etwas, was ihre eigene Identität ausmacht. Der Baum wird oft als Symbol für den eigenen Individuationsweg gesehen, für das eigene Gewachsensein zwischen Erde und Himmel. Mit diesem Reis, das anwächst und Wurzeln schlägt, haben wir eine erste Hoffnung auf Gelingen in dieser Welt. Von der Farbe her dominiert nun nicht mehr das Grau, sondern das Grün. Und grün ist die Farbe des Wachsens und des Werdens.

Man hat den Eindruck, daß jetzt die Krise vorbei sein müßte. Aber obwohl innen etwas am Wachsen und am Werden ist, ist das Leben außen dennoch schwierig. Von außen betrachtet, würde man sagen, die Krise gehe weiter. Und dennoch ist eine Entwicklung im Gang, Neues entwickelt sich. Das ist auch daran ersichtlich, daß der König ein Fest gibt und eine Frau sucht. Außerhalb der eigenen Familie tut sich etwas, das ist ein Zeichen dafür, daß die neue Entwicklung um sich greift. Bereits der Anfang des Märchens hat deutlich gemacht, daß es darum geht, daß das Modell einer neuen Beziehung zwischen Männern und Frauen gefunden wird. Jetzt haben die Schwestern und das Aschenputtel für einmal die gleiche Interessenrichtung. Ich habe die Schwestern als Schattenanteile von Aschenputtel – im Sinne der Jungschen Psychologie – bezeichnet, man könnte sie auch falsche Selbstanteile nennen: Falsche und wahre Selbstanteile haben jetzt ein gleiches Interesse.

Die Krise kommt zum Tiefpunkt – oder auch zum Höhepunkt –, als Aschenputtel auch zum Ball gehen will und ihre Stiefmutter ihr die Linsen in die Asche schüttet, die sie zuvor aussortieren muß – eine unmögliche Aufgabe. Gerade dann, wenn man das Gefühl hat, daß etwas besser wird – zeigen die Märchen –, werden auch die widerständigen Kräfte aktiv. Dieser erneute Widerstand bringt es mit sich, daß ein fälliger Entwicklungsschritt endlich gemacht wird. Könnte Aschenputtel einfach mitgehen an den Ball, würde möglicherweise gar nichts Aufregendes, nichts Wichtiges passieren.

Die Mutter stellt eine Bedingung, von der sie erwartet, daß Aschenputtel sie nicht erfüllen kann: Sie muß innerhalb kurzer Zeit die Linsen aus der Asche auslesen. Was wir vorhin als zwei Seiten einer Frau gesehen haben: das «nur gute» Mädchen und die «schlechten» Schwestern, wird nun auf die Linsen in der Asche projiziert. Das Auslesen meint hier, daß Aschenputtel lernen soll, Gut und Schlecht voneinander zu unterscheiden. Wobei «Gut» wohl auch mit dem Thema «Grün» zu tun hat – die Linsen sind Pflanzensamen –, und «Schlecht» mit dem Thema «Grau», mit dem In-der-Asche-Sitzen. Sie müßte also lernen zu erkennen, was gut ist für ihr Leben, was brauchbar ist und ihr Leben fördert, und was nicht brauchbar ist, was weggeworfen, was eliminiert werden muß. Dieses Erkennen der guten und der schlechten Linsen kann als Aufgabe der Selbsterkenntnis gesehen werden: das Erkennen von Seiten in ihr, die mitleben sollen, und von Seiten in ihr, die geopfert werden müssen. Im Märchen geschieht dies so, daß die Vögel die schlechten Linsen wegfressen – «die guten ins Töpfchen, die schlechten ins Kröpfchen» –, und was übrig bleibt, ist gut. Das würde heißen, daß negative Phantasien, zum Beispiel von depressivem Rückzug, von nicht gelingendem Leben, die in den schlechten Linsen ausgedrückt sind, verschwinden.

Allerdings ist die Stiefmutter selbst bei der Annahme, daß möglicherweise ein Sinn liegt in dieser Ordnungsarbeit, reichlich sadistisch. Ein solches Versprechen zu machen und dieses dann nicht zu halten, ist sadistisch – es ist aber auch eine Handlung gegen die Naivität. Aschenputtel ist naiv, sie hat noch keine Phantasien über das Böse, sie darf das Böse noch nicht wahrhaben.

Aschenputtel muß allerdings die Arbeit gar nicht selber tun, Tauben helfen ihr, Turteltäubchen und alle Vögel des Himmels, die sie herbeiruft. Diese hilfreichen Vögel sind die Hilfe, die ihre verstorbene Mutter ihr geben kann. Vögel sind Tiere, die den Erd- und den Luftbereich miteinander verbinden, im wesentlichen den Luftbereich bevölkern und daher den Geistbereich verkörpern.[32] So können wir Vögel symbolisch auch als Einfälle sehen, die wir haben, als Inspirationen oder Intuitionen. Die Taube ist besonders interessant: Es gibt weiße, weißgraue und graue Exemplare. Im Alten Testament gilt sie als Symbol des Friedens, im Neuen Testament als Sinnbild der Aufrichtigkeit, der Sanftmut und des Heiligen Geistes. Im Volksglauben verlassen die Seelen den toten Leib als Vögel, insbesondere Tauben symbolisieren die Seelen Verstorbener. Von ihrem Wesen her ist die Taube jedoch recht aggressiv.

Nun symbolisiert die Taube nicht nur den Heiligen Geist, den Frieden und die Sanftmut, interessanterweise ist sie auch das Tier der griechischen Liebesgöttin Aphrodite; im Hohenlied besteht eine ähnliche Verbindung, dort wird die Braut mit einer Taube verglichen. Verbindet man die beiden Symbolstränge, so besteht eine Beziehung zwischen dem Heiligen Geist und dem Geist der Aphrodite, dem Geist der Liebesgöttin. In der Geschichte von der Arche Noah bringt die Taube den Zweig, der anzeigt, daß die Zeit der Sintflut vorbei ist, und deshalb symbolisiert sie auch die Hoffnung auf das Überleben, genauer: das Lebensgefühl, daß Land in Sicht kommen kann, daß man sich irgendwo niederlassen, neu anfangen kann.

Angesichts des Balles, an dem Aschenputtel so gerne teilnehmen möchte, angesichts des Widerstandes, den die Stiefmutter ihr entgegensetzt, und angesichts ihrer Aufgabe wird ihr erotisch gefärbter Geistbereich belebt, werden erotische Phantasien geweckt. Gleichzeitig erprobt sie die Verheißung, die ihr von ihrer Mutter gegeben worden ist: Diese hat ihr versprochen, daß sie immer um sie sein wolle. Das Mädchen vertraut darauf und probiert es aus.

Die Stiefmutter aber schüttet nicht nur die Linsen in die Asche, um das Mädchen vom Ball abzuhalten, sie sagt ihr auch direkt: «Du kommst nicht mit, du hast keine Kleider und kannst nicht tanzen und wir müßten uns nur schämen.» Sie wird entwertet als Mensch, und sie wird entwertet als Frau. Diese Aussagen der Stiefmutter könnten laut gewordenen Selbstzweifeln entsprechen, sadistischen Selbstzweifeln und Gedanken der Selbstentwertung. Sie könnte sich sagen: «Du hast zwar den Wunsch, aufs Fest zu gehen, du hast den Wunsch, etwas zu verändern, aber du kannst das nicht. Du hast keine weiblichen Formen, nichts anzuziehen, du kannst nicht tanzen, du kannst überhaupt nichts.» Diese Selbstentwertung findet in Situationen statt, in denen wir eigentlich ein gutes, mütterliches Wort bräuchten, nicht unbedingt von außen, auch von uns selbst. Selbstentwertung findet also oft dort statt, wo wir mütterlich zu uns selbst sein müßten und es nicht sind. Als mütterlich ermutigend würde man in einer solchen Situation eine Stimme erleben, die sagt: «Mach dich bloß schön, nimm deine Chance wahr.» Doch selbst wenn wir diese Stimme hören, kann das negativ Mütterliche in uns, das sagt: «Bilde dir bloß nichts ein, das kannst du doch nicht, das geht überhaupt nicht», stärker sein. Was bewirken diese sadistischen Selbstzweifel? Hier im Märchen wecken sie eigentümlicherweise die Zukunftshoffnung, hier lösen sie eine trotzige Gegenreaktion aus.

Aber schon vor der Episode mit den Linsen hat Aschenputtel ein anderes Verhalten als üblich gezeigt. Sie hat darum gebeten, auf das Fest gehen zu können, sie ist aus ihrer Passivität herausgetreten, hat sich selber gezeigt in einem dringlichen Wunsch. Plötzlich hat sie Mut zum Risiko. Konfliktbereitschaft ist auszumachen, und vielleicht hat sie sogar die Hoffnung, die böse Mutter möge sich doch auch als eine gute Mutter erweisen. Wesentlich scheint mir, daß sie jetzt wieder einen Wunsch hat. Ihr erster Wunsch war das Reis, das ihr Vater von der Messe mitbringen sollte, wir haben es als Versprechen für die Zukunft verstanden, als etwas Neues, das zu wachsen beginnt. Der zweite Wunsch ist es nun, auf das Fest zu gehen. Wenn wir wieder einen Wunsch haben an das Leben, dann geht es in der Regel aufwärts. Der Wunsch mag noch so eigentümlich sein, wichtig ist, daß es wieder einen Wunsch gibt, daß man wieder zu wünschen wagt.

## Die Wandlung

Die andern gehen an den Ball des Königs, Aschenputtel geht zum Grab ihrer Mutter. Sie fragt nicht mehr, sie handelt selbstverantwortlich. Dreimal hat sie vergebens eine Bitte getan, nun nimmt sie das Schicksal in die eigene Hand. Am Grab bittet sie nicht, sie fordert ganz selbstverständlich: «Bäumchen rüttel dich und schüttel dich! Wirf Gold und Silber über mich!» Gold und Silber, die beiden kostbarsten Edelmetalle (Märchen kennen das Platin noch nicht) entsprechen Sonne und Mond, Tag und Nacht, dem männlichen und dem weiblichen Prinzip. Diese Kleider aus Silber und Gold sind nicht nur höchst kostbar und edel – und ihre Trägerin damit auch –, sie deuten auch eine Verbindung zum Kosmischen an. Mit diesen Kleidern wird angedeutet, daß Aschenputtel eine Frau ist, die mit ewigen Werten in Verbindung steht und die das weibliche und das männliche Prinzip zu einer Einheit werden lassen kann, ohne daß dabei die Verbindung zum Kosmischen verloren gehen würde. Sie kann ein Modell für eine «neue» Frau werden, für eine Frau mit weiblichen und männlichen Anteilen und einer Verbindung zur Transzendenz.

Was hat es mit dem Baum auf dem Grab der Mutter auf sich? Haselbäume mit ihren sehr biegsamen, sehr flexiblen Ästen spielen im Volksglauben eine wichtige Rolle.[33] Haselgerten sollen Kraft und Gesundheit vermitteln, als Wünschelruten wurden sie früher zur Schatzsuche verwendet, heute suchen Spezialisten damit nach Quellen und Wasseradern, sie sind offenbar Leiter für Energieströme. Sie stehen für Fruchtbarkeit, Sexualität, Wollust und gelten daher auch als Hexensträucher, sie werden aber auch zur Abwehr der Dämonen gebraucht. Wir können sagen, daß der Haselbaum sehr viel mit der Verbindung zur Tiefe und zum Weiblichen zu tun hat.

Wir dürfen auch die allgemeine Baumsymbolik nicht vergessen. Der Haselbusch ist ein Symbol für den Individuationsprozeß von Aschenputtel, für ihren Entwicklungsprozeß, der sie immer mehr sie selbst werden läßt, abgelöst von der Mutter und dennoch im Besitz von allem, was durch die positive Beziehung zu ihr geweckt worden ist. Aus dieser Entwicklung heraus entstehen die wunderschönen Kleider, ihre ganz besondere Erscheinung und Ausstrahlung. Indem sie sich dieses Kleid wünscht, drückt sie aus, daß sie sich selber nicht auf dem Selbstbild des Aschenputtel behaftet, auch nicht auf dem Selbstbild der Schwestern. Aus ihrer tiefen Beziehung zur Mutter heraus weiß sie, daß sie ein spezielles Leben haben wird, und als erstes sichtbares Zeichen davon bekommt sie die goldenen und silbernen Kleider.

Damit kann sie sich beim Tanz zeigen. Der Tanz hat in

den Märchen eine sehr große Bedeutung, hier können wir ihn selbstverständlich als erotisches Ritual verstehen, als erotisches Spiel, das ritualisiert ist: sich bewegen miteinander, sich gewöhnen aneinander, sich einstellen aufeinander, herausfinden, ob man tanzen kann miteinander. Im Märchen verläuft diese erotische Annäherung zunächst zur vollen Zufriedenheit: Der König verliebt sich in Aschenputtel.

Doch sie flieht, bevor die Beziehung verbindlich werden könnte. Die Annäherung an den Prinzen löst Angst aus, und aus dieser Angst heraus entfernt sie sich wieder von ihm. Sie nähert sich ihm in der Folge wieder an, und sie muß ein zweites Mal fliehen. Nehmen wir an, die Beziehung zum Prinzen entspreche wirklich der Beziehung zu einem Mann, dann können wir das Verhalten von Aschenputtel so verstehen: Sie wünscht sich die Beziehung, sie braucht aber auch immer wieder eine gewisse Distanz, um zu sich selbst zu kommen und um sich dieser neuen Beziehungssituation innerlich gewachsen zu fühlen. Das erste Mal findet sie durch das Taubenhaus wieder zu ihrem Herd. Vom Taubenschlag haben wir bisher nichts erfahren, aber es dürfte wohl das Haus der Tauben sein, die ihr beim Linsenverlesen geholfen haben. Es geht also noch einmal um einen Bereich, der sehr mit ihrer verstorbenen Mutter verbunden ist. Dieses Fliehen durch das Taubenhaus könnte einer Vergewisserung entsprechen, daß die innere Phantasiewelt, die sie sich aufgebaut hat und die ihr Schutz gegeben hat, noch existiert. Sie verharrt aber nicht im Taubenschlag, sie benützt ihn nur als Durchgang, sie benützt ihre Phantasien nicht mehr als Ersatzwelt.

Das zweite Mal flieht sie über einen Baum, klettert auf den Birnbaum und verschwindet. Es gibt andere Märchen, in denen sich junge Frauen[34] zu ihrem Schutze auf einen Baum zurückziehen, dort schlafen und dann von einem fremden König gefunden werden. Das Schlafen auf dem Baum wäre als ein Übergang in eine neue Lebensphase zu sehen, die mehr aus der eigenen Identität heraus gelebt wird. In unserem Märchen findet sich nur eine Andeutung von einem Aufenthalt auf dem Birnbaum, dafür wird plastisch geschildert, wie behende sie hinaufgeklettert ist. Taubenhaus und Birnbaum können wir auch als geschlechtsspezifische Symbole sehen, das Taubenhaus steht für weibliche, der Birnbaum für männliche Sexualität. Aschenputtel würde sich also beiden Formen der Sexualität rasch und etwas verschämt annähern.

In diesem Märchen geht es recht brutal zu und her: das Taubenhaus wird vom Vater zerschlagen, der Birnbaum gefällt, weil er das Aschenputtel darin beziehungsweise darauf vermutet. Auch wenn sie gewollt hätte, hätte sie also gar keine Möglichkeit gehabt, sich ins Taubenhaus oder auf den Birnbaum zurückzuziehen, sich in einer Übergangsphase aufzuhalten oder gar zu versitzen.

Die Märchenheldin schwankt in ihrer Identität zwischen der Identifikation mit dem Aschenputtel, der einseitigen, aber vertrauten Identität, und der Prinzessin mit dem wunderschönen Kleid, ihrer wahren Persönlichkeit. Die Annäherung an den König mit der darauffolgenden Flucht können wir in diesem Sinn als einen Ausdruck dieser unsicheren Identität verstehen. Jede Flucht scheint in sich Entwicklungsschritte zu enthalten, bei der dreimaligen Flucht und Wiederannäherung an den Königssohn handelt es sich um einen umfassenderen Entwicklungsprozeß.

Das Märchen geht davon aus, daß der Fuß viel über den Menschen aussagt. Daß der Fuß erotische Bedeutung hat und damit auch der Schuh, der eine Phantasie des Inhaltes weckt, ist ein Aspekt. Ich glaube aber nicht, daß der Königssohn im Märchen Fußfetischist ist. Der Fuß sagt auch etwas darüber aus, wie wir Menschen auf dem Boden der Realität stehen und gehen, wie wir uns bewegen, ob wir auf großem oder auf kleinerem Fuß leben usw. Bei der Schuhanprobe konstellieren sich noch einmal die bösen Schwestern. Die Tauben im Haselstrauch auf dem Grab der Mutter aber sagen jedesmal, daß es die rechte Braut nicht ist. Ich habe schon von wahren und falschen Selbstanteilen gesprochen; der falschen Braut würden falsche Selbstanteile entsprechen. Erhalten wir das Postulat aufrecht, daß die Schwestern Schattenaspekte von Aschenputtel sind, dann würde die Schuhprobe bedeuten, daß Aschenputtel in einer Situation, in der sie in eine erotische Beziehung eintreten kann, wieder ihrer Schattenseite verfällt: sie wird hochmütig, hochnäsig, neiderregend und selber neidisch.

Die Schwestern verstümmeln sich selber, um eine Machtposition zu bekommen. Sie verstümmeln sich, um erfolgreich zu sein. Das ist ein Hinweis darauf, wie Leben nicht gelingt. Nämlich wenn wir unsere Integrität verstümmeln müssen, um ein Ziel zu erreichen. Daß die Tauben sagen, Blut sei im Schuh, kann man auch dahingehend verstehen, daß der Prinz eine Intuition hat, daß Aschenputtel in ihrer Schattenseite nicht die richtige Braut, nicht das wahre Aschenputtel ist. Vögel gelten ja auch als Symbole für Intuitionen. Ginge Aschenputtel in der Haltung ihrer Schwestern die Beziehung ein, dann würde sie mit ihrer Machtseite in die Beziehung gehen und möglicherweise alles tun, damit man ihren Erfolg sieht, damit sie beneidet wird. Weil dieses Verhalten offengelegt wird, ist sie gezwungen, in ihrem wahren Selbst diese Beziehung einzugehen.

Was wir bei der Verfolgung des Aschenputtel nach deren Flucht vor dem Königssohn schon sahen, wird hier zum Schluß noch einmal sehr deutlich: daß der Vater sein Aschenputtel nicht leiden kann. Der Vater sieht mit den Augen der Stiefmutter, er sieht nur das Äußere, die unansehnlichen Kleider. «Nur von meiner verstorbenen Frau ist noch ein kleines, garstiges Aschenputtel», erklärt er dem Königssohn. Der Prinz will es aber sehen, und er kennt es auch. Erkennen heißt im Märchen immer auch lieben, die Tiefe eines Menschen, sein wahres Wesen, wahrnehmen.

Wir kommen zum grausamen Schlußbild, wo den Schwestern von den Tauben die Augen ausgehackt werden. Das verwundert zunächst, weil wir die Tauben ja immer in Beziehung gesehen haben mit der lieben, guten Mutter. Bei der Amplifikation der Taube habe ich aber schon darauf hingewiesen, daß die Taube in Wirklichkeit ein recht aggressiver Vogel ist. Was ist nun der Sinn dieses Augenaushackens? In der Deutung des Märchens ist immer wieder das Thema Neid angesprochen worden. Wer sich dadurch definiert, daß er die andern Menschen entwertet, und wer versucht, eine Machtposition zu bekommen, ist in der Regel neidisch. Der Neid[35] wird im Märchen und auch im Volksglauben mit dem «bösen Blick» verbunden. Der Neid entstammt denn auch dem vergleichenden Blick, den man auf die anderen Menschen wirft, einem Blick, der allerdings nicht sieht, was da ist, sondern der in Vergrößerung sieht, was die anderen haben, in Verkleinerung dagegen das Eigene, und der einen sehr böse macht. Dieser böse Blick, der Blick, der nicht bereit ist, das zu sehen, was wirklich ist, sondern der ungerecht sehen will, dieser Blick muß eliminiert werden. Das heißt, Aschenputtel muß es sich selber ganz aggressiv versagen, neidvoll auf andere zu blicken. Das Märchen sagt, die Strafe für dieses böse Verhalten sei Blindheit. Und Blindheit ist *das* Thema des Märchens. Aschenputtels Mutter ist blind für die Realität des Lebens, nämlich daß man gut und böse sein muß. Der Vater ist, wie die Stiefmutter und die Stiefschwestern, blind für das wahre Aschenputtel. Das Aschenputtel seinerseits ist blind in bezug auf die Schwestern.

Wir haben anfangs gesagt, daß es in diesem Märchen um

ein neues Modell für die Verbindung von Mann und Frau geht. Am Schluß haben wir nun ein junges Paar, den neuen König und die neue Königin. In dieser Verbindung, so ist zu erwarten, sind Einseitigkeiten behoben, und wir können hoffen, daß sie fruchtbar wird. Aschenputtel dürfte eine neue Identität gefunden haben, nicht mehr als Aschenputtel, aber auch nicht als die Tänzerin im Silber- und Goldkleid, ihre neue Identität ist etwas Drittes. Die Schwestern leben mit, das heißt, sie ist immer wieder in der Gefahr, neidisch zu werden, aber sie wird es sich versagen müssen.

## Was das Leben in diesem Märchen gelingen läßt

Ich habe zu Beginn gesagt, daß es schiefgeht, wenn die Eltern über ihren Tod hinaus bestimmen, was gelingendes Leben ist. Die Mutter definiert das Gelingen als etwas sehr Einseitiges, und Einseitigkeit ist nie gelungenes Leben. Ist etwas nur gut, kann es so nicht bleiben, ist etwas nur schlecht, dann auch nicht.

Gegen das Gelingen steht die Bindung an die verstorbene Mutter, von der Aschenputtel sich eigentlich ablösen sollte, verbunden mit der Verpflichtung, nur die hellen Seiten zu leben. Diese Beziehung muß zwar verändert werden, doch zeigt es sich, daß das Positive, das Mutter und Tochter verband, auf jeden Fall eine prägende innere Erfahrung ist, auf die sich die Tochter beziehen kann. Diese Erfahrung ist Grundlage für das Vertrauen ins Leben, und deshalb kann auch am Tiefpunkt der Krise die Hoffnung aufkeimen, die mit dem Gold- und Silberkleid verbunden ist. Leben gelingt hier, weil Aschenputtel durch die Beziehung zur verstorbenen guten Mutter einen wirksamen Schutz hat und am Tiefpunkt der Verzweiflung einen Wunsch, ein Interesse, eine Sehnsucht formulieren kann und diese darüber hinaus in die Tat umzusetzen versucht. Am Tiefpunkt der Verzweiflung kommt bei fast allen Menschen eine Sehnsucht auf oder ein Wunsch, aber oft gehen die Menschen dieser Sehnsucht oder diesem Wunsch nicht nach, nehmen sie nicht einmal richtig wahr. Die Fähigkeit, diesem Wunsch und dieser Sehnsucht nachzugehen, sie überhaupt wahrzunehmen, hat mit der ursprünglichen Verbundenheit mit der Mutter zu tun. Auch die Annäherung an den Königssohn und die lebensfördernde Distanzierung sowie die erneute Wiederannäherung – die Wiederannäherungskrise – können wir dahingehend verstehen, daß Aschenputtel sich mit dem Königssohn erst verbindet, wenn sie sich ihm gewachsen fühlt, wenn sie nicht mehr Gefahr läuft, sich in ihm zu verlieren, ihre Identität zu verlieren, sondern sich immer wieder auf sich selbst zurückbesinnt.

Wie steht es mit dem Vertrauen? Wir haben zu Beginn des Märchens das Versprechen, daß die Mutter bei ihrer Tochter sein wird. Das tönt fast biblisch, der Schutz ist bei richtigem Verhalten sozusagen garantiert. Deshalb ist Vertrauen zunächst keine Leistung. Das Vertrauen wird aber zu einer Leistung in einer Krise, die immer dramatischer wird.

Wir haben hier eines der Märchen vor uns, die eine «klassische», eine typische Krise[36] formulieren mit der dazugehörenden Krisendynamik. Diese zeigt sich besonders darin, daß die neue Lebensform bereits als Idee vorhanden ist, obwohl im äußeren Leben der Tiefpunkt der Krise noch nicht erreicht ist. Das Reis ist zwar bereits eingepflanzt, hat Wurzeln geschlagen, und trotzdem verschlechtert sich das Leben von Aschenputtel gravierend. Wenn bereits vor dem Tiefpunkt der Krise die neue Idee, das Versprechen auf etwas Neues, erlebbar und erfahrbar ist, kann man sicher sein, daß die Krise zu einer Chance wird. In dieser schlimmen Lebenssituation aber das Vertrauen in die schützende Mutter aufrechtzuerhalten, ist eine bedeutende Leistung. Gelingt dies, dann ist ein wesentlicher Beitrag zum Gelingen des Lebens geleistet.

Das heißt, wenn es uns gelingt, uns zu vergewissern, daß wir nicht ganz und gar neidisch sind, daß es Seiten in uns gibt, die dem Lebensgefühl der Fülle entsprechen, auch wenn wir uns in grauenhafte Schattengeschichten verwickeln, mit uns überhaupt nicht einverstanden sein können, das Gefühl haben, uns schrecklich zu benehmen, dann wird eine Krise zur Chance. Darauf zu beharren, daß ich nicht durch und durch ein Aschenputtel bin, auch wenn niemand außer mir diese Sicht teilt – das ist die große Leistung des Vertrauens in mich selbst.

# Von der schönen Schwanenjungfer –
# oder: Gelingen heißt, eine Faszination
# ins Leben zu integrieren

Wenn einem Helden oder einer Heldin das Leben heute gelingt, dann heißt das nicht, daß es morgen auch noch gelingen wird. Damit das Leben gelingt, müssen anstehende
Wandlungsimpulse aufgenommen werden. Es muß aber oft
auch gesehen werden, wo man gequält ist, trotz allen Erfolges.

## *Von der schönen Schwanenjungfer* [37]

In Frankreich war ein junger Jägerbursch, der war der beste Schütze weit und breit, aber an einem Tage ging er bis zum Abend im
Wald herum und konnte nicht zum Schuß kommen. So kam er
endlich mitten in der Wildnis an einen großen schönen See, darauf schwamm ein Schwan, blank und silberweiß, wie er noch
keinen gesehen hatte. Er legte rasch seine Armbrust an und zielte
auf den Vogel, da rief eine Stimme: «Schieß nicht, sonst kostet es
dich dein Leben!» Er erschrak und setzte ab, besann sich aber kurz
und legte wieder an; doch zum andern Male rief es: «Schieß nicht,
sonst kostet es dich dein Leben!» Er ließ nochmals die Armbrust
sinken, legte aber dann zum dritten Male an und dachte : diesmal
schieß ich drauf, mag rufen wer da will. Aber noch ehe er geschossen hatte, schwamm auf einmal statt des Schwanes eine
wunderherrliche Jungfrau auf dem Wasser, die sprach zu ihm: «Du
wirst mich erlösen und glücklich sein, wenn du ein Jahr lang alle
Sonntage ein Vaterunser für mich betest und nie von meiner

Schönheit sprichst.» So sprach sie und verschwand; der Jägerbursch aber ging verwundert nach Haus und sprach von dem Tag
an alle Sonntage ein Vaterunser für die Schwanenjungfer.

Als nun das Jahr fast verstrichen war, trug es sich zu, daß der
König von Frankreich ein großes Vogelschießen ansagen und dabei verkündigen ließ, daß der beste Schütze seine eigne Tochter
als Preis bekommen solle. Alle Jäger im ganzen Lande kamen natürlich herbei, und unser Jägerbursch auch. Der schoß aber dem
Vogel mitten ins Herz hinein, und weil keiner ihm den Schuß
nachthun konnte, war er Schützenkönig und sollte die Prinzessin
von Frankreich heirathen. Nun kam er in große Noth, weil er der
Schwanenjungfer in Treue gedachte und von keiner Andern etwas
wissen wollte. «Ich will das Glück einem Andern zukommen lassen», sprach er, als aber der König heftig in ihn drang, warum er
so hohe Ehre verschmähe, da vergaß er sich und sagte, er habe
eine Braut, die sei wohl noch tausendmal schöner als die Königstochter von Frankreich. Die Rede war aber kaum seinem Mund
entfahren, so stand auch schon die Schwanenjungfer vor ihm,
schaute ihn traurig an und sprach:

«Hättest du meine Schönheit nicht gesagt,
So hättest du mich erlöst,
Jetzt mußt du mich suchen im gläsernen Berg.»

Da fiel ihm sein Leichtsinn schwer aufs Herz, er schnürte sein
Bündel und zog aus, um den gläsernen Berg zu finden. Lange,
lange schon war er unterwegs, als er eines Tages in einen dunklen
Wald gelangte; darinnen wanderte er drei Nächte lang umher, bis
er am vierten Morgen vor einer einsamen Waldmühle stand. Aus
der Mühle trat aber alsbald ein Mann und fragte ihn, was er da
wolle? er sei der Müller vom gläsernen Berg und hätte jetzt schon
seit siebenhundert Jahren keinen Menschen in dem Walde gesehen. Da sprach der Jägerbursch: «Wenn du der Müller vom gläsernen Berg bist, so mußt du mir auch sagen können, wie ich
hinein gelangen mag.» – «Dahin kannst du nicht kommen», er-

wiederte der Müller, als ihm aber der Jäger mit Bitten keine Ruhe ließ, versprach er endlich, ihm dazu behülflich zu sein. Er ging in die Mühle, holte einen gesattelten Geisbock heraus und hieß ihn aufsitzen, denn nur so könne er zum gläsernen Berge reiten. Da stieg der Jägerbursch dem Thier auf den Rücken – der Bock hatte aber kaum die Last gespürt, als er anfing auf und davon zu springen, durch Wald und Haag, über Stock und Stein, schneller als das beste Roß, daß dem Reiter Hören und Sehen verging. So lief er bis dicht vor den gläsernen Berg, da warf er den Jäger ab und machte sich spornstreichs wieder nach Haus, auf dem Wege, den er gekommen war.

Vor dem gläsernen Berg aber, da war eine gar schöne frische Quelle, und weil der Jägerbursch von dem langen Ritte Durst bekommen hatte, so dachte er: Du kannst erst ein Mal trinken, ehe du in den Berg hineingehst. Er bückte sich nieder zu dem klaren Wasser und wollte davon schöpfen mit seinem Trinkhorn, da rief eine Stimme: «Trink nicht, oder es kostet dich dein Leben!» Er hielt erschrocken ein und sah sich um, weil aber Niemand da war und der Durst ihn quälte, so schöpfte er dennoch und trank von dem klaren Wasser. Da fiel er mit einem Male um und schlief ein, als wenn er nimmer erwachen wollte. Als er nun so dalag, stand mit einem Male die schöne Schwanenjungfer neben ihm. Sie war aber gar zornig über seinen großen Ungehorsam, zog seinen Hirschfänger heraus und wollte ihn todtstechen. Sie hatte ihm die kalte Spitze schon aufs Herz gelegt – da hielt sie wieder ein, denn Mitleid und Liebe kamen über sie und sie dachte in ihrem Sinne: er kann mich doch vielleicht noch erlösen. Also verschwand sie wieder, und er war für dieses Mal gerettet. Doch ehe die Jungfrau ihn verließ, hatte sie mit dem Finger auf die Scheide seines Hirschfängers etwas geschrieben, und als er erwachte, las er diese Worte:

«Hättest du nicht von dem Wasser getrunken,
So hättest du mich erlösen können,
Jetzt mußt du mich suchen in der finstern Welt.»

Von dem gläsernen Berg aber war weit und breit nichts mehr zu sehen und zu hören. Da stand er nun und wünschte sich das Leben nicht mehr und verfluchte seinen Leichtsinn ein Mal über das andere Mal, doch was wollte er anderes thun, als die finstere Welt suchen? Er machte sich frisch auf den Weg und wollte nicht ruhen noch rasten, bis er die finstere Welt gefunden hätte.

Noch länger als das erste Mal mußte er herumwandern, bergab und bergauf, da kam er endlich wieder in einen großen dunkelen Wald. Als er drei Tage darin umhergegangen war, fand er wieder, wie das erste Mal, eine einsame Waldmühle mit einem Mann darinnen, der sprach, er sei der Müller von der finstern Welt und hätte nun seit siebenhundert Jahren keinen Menschen in diesem Walde zu sehen bekommen. «Wenn du der Müller von der finstern Welt bist», sprach der Jäger, «so mußt du mir auch sagen können, wie ich hineingelangen mag.» – «In die finstere Welt gelangst du nimmermehr», erwiederte der Müller, doch da er gar zu dringend bat, versprach er dem Jäger endlich, ihn hineinzuschaffen. «Morgen kommt der Vogel Greif», sprach er, «und holt ein Faß voll Mehl ab für die finstre Welt, der muß dich mitnehmen.» Da blieb der Jägerbursch in der Mühle über Nacht, des andern Tages aber ließ ihn der Müller in ein großes Faß voll Mehl kriechen und das Andere abwarten. Nicht lange, so rauschte es in der Luft, der Vogel Greif kam herangeflogen, packte das Faß mit den Klauen und führte es mit sammt dem Jäger fort. Als er eine gute Zeitlang geflogen war, hielt er an und stellte seine Last nieder, denn er war nun angekommen in der finstern Welt. Der Jäger merkte, daß es nicht mehr weiter ging, schnitt sich mit seinem Hirschfänger ein Loch in die Faßwand und kroch vorsichtig heraus. Nun war es um ihn herum so dunkel wie in einem Sack, in der Nähe aber hörte er das Rauschen eines Wassers; da kroch er auf Händen und Füßen dem Geräusch nach und fand endlich eine Brücke, die über das rauschende Wasser führte, und als er auf der andern Seite war, sah er in der Ferne ein Licht und ging darauf hinein.

Er hatte weit zu gehen, bis er endlich dem Licht so nahe war, daß er sehen konnte, was es eigentlich war; er gelangte nämlich in ein dunkeles Thal, worinnen zwei Frauen herumwandelten, von denen die eine das Licht in der Hand trug, und als er nahe zu ihnen herankam, so war es wahrhaftig die Schwanenprinzessin, die ging mit einer Kammerjungfer umher und las dürres Reisig zusammen.

Als sie den Jägerburschen erblickte, hieß sie ihn freudig willkommen und bat ihn, mit ihr zu gehen, so er den Muth und Willen hätte, sie wieder zu erlösen aus der finsteren Welt, in die sie wegen seines Ungehorsams wäre verwünscht worden. Das versprach er gern und ließ sich von ihr führen bis in ihre Schlafkammer, wo sie ihn unter das Bett kriechen und ruhig liegen bleiben hieß. «Ich muß jetzt zur Musik», sprach sie, «aber um eilf Uhr komme ich wieder und lege mich schlafen; dann mußt du hervorkommen und dich queer über mich hinlegen und nicht von der Stelle weichen, was auch geschehen mag.» So sprach sie und ging fort, und der Jägerbursch that wie sie befohlen – die Zeit wollte ihm aber unter dem Bette gar lang werden, bis sie wiederkam.

Endlich trat sie herein und legte sich nieder, da kroch er schnell hervor und that nach ihrem Geheiß. Da er nun kaum sich über sie gelegt hatte, kamen auch schon die Geister von der finsteren Welt mit großem Lärmen herein und an das Bett. Der Angstschweiß brach dem armen Jäger aus, aber er rührte und regte sich nicht, gleich als ob er fest schliefe. Die Geister fingen nun an, auf ihn zu schlagen wie auf einen Sack und ihn zu stechen und peinigen auf alle Art und Weise. Er hätte schreien mögen aus allen Kräften und dachte, er müsse des Todes sein, aber er blieb standhaft und fest und bewegte keinen Finger. Bis um Mitternacht mußte er also abhalten, mit dem Schlage Zwölf aber waren die Geister verschwunden, als wären sie niemals dagewesen.

Der Jägerbursch war wund und geschunden an allen Gliedern, die Schwanenprinzessin aber bestrich ihn mit einer Wundersalbe, daß ihm kein Finger mehr wehe that; dann lobte sie ihn, daß er die erste Probe so wacker bestanden, und stellte allerlei Speisen und köstlichen Wein vor ihn zur Stärkung. Als er jedoch getrunken und gegessen hatte, hieß sie ihn wieder hinabkriechen und liegen bleiben bis zur anderen Nacht. Den Abend mußte sie wieder weggehen zur Musik, und als sie um eilf Uhr heimkam, kroch er hervor und that wie das erste Mal. Weil er wußte, daß ihm Nichts geschehen konnte, wenn er fest blieb, war seine Angst schon geringer geworden; doch war sein Muth größer, so war auch die zweite Probe härter denn die erste. Die Geister stürzten mit grausigem Getöse herein und begannen also mit ihm umzuspringen, daß das, was sie zuvor gethan, nur ein Kinderspiel dagegen war. Als sie ihn am ganzen Leibe zerhauen und zerstochen, daß keine heile Stelle mehr an ihm war und Alles nichts an ihm fruchten wollte, schleppten sie einen großen Kessel voll siedenden Öles herein, stellten ihn vor das Bett und schickten sich an, ihn hineinzuwerfen. Sie hatten ihn an Händen und Füßen aufgehoben und hielten ihn darüber; er dachte, nun sei es wirklich um ihn geschehen, und wollte eben aufschreien, da schlug es Mitternacht und sie mußten fort, die Schwanenjungfer aber hatte ihn gar bald wieder mit ihrer Salbe geheilt. Darauf erquickte sie ihn wieder mit Speis und Trank und dankte ihm gar freundlich, daß er auch das zweite Mal sich so gut gehalten und somit ihre Erlösung ihrem Ende nahe gebracht hatte.

«Noch einmal bleibe fest», sprach sie, «so bin ich dein und wir wollen immer in Freuden leben, jetzt aber mußt du wieder unter's Bett und still liegen bis zur anderen Nacht.»

Die letzte Nacht kam und Alles trug sich zu wie vorher, nur daß es die finsteren Geister diesmal am allerschlimmsten trieben. Sie zerhieben und zerschnitten ihn, als wenn er es gar nicht gespürt hätte, und da immer noch keine Qual ihn zum Schreien brachte, trugen sie einen großen Galgen herein und machten

Anstalt, ihn daran aufzuknüpfen. Schon hatten sie ihm die Schlinge um das Genick gelegt – da that es einen ungeheuren Schlag und die Erlösung war glücklich vollbracht.

Eh' er wußte, wie ihm geschehen, stand der Jägerbursch im Freien und im Hellen, und die Schwanenprinzessin war bei ihm und war erlöst. Sie bestrich ihn zum letzten Male mit der Salbe, also daß er gesunder und schöner ward denn zuvor, dann heirathete er sie und zog mit ihr gen Frankreich an des Königs Hof. Als der sie nun erblickte in ihrer großen Herrlichkeit, da mußte er selber gestehen, daß sie schöner sei als seine Tochter.

\* \* \*

## Die Faszination

Mit welchem Problem konfrontiert uns dieses Märchen zu Beginn? Wir haben einen jungen Jäger, einen sehr guten Schützen, einen Meisterschützen. Meisterschützen sind Menschen, die zielgerichtet leben, treffsicher sind, erfolgsgewohnt und die ihr Ziel auch erreichen wollen – sie setzen ihre Aggression gezielt ein. Und ausgerechnet dieser Meisterschütze findet nichts mehr, das er schießen könnte. Da ist einer perfekt geworden in dem, was er schon immer gemacht hat, aber seine Kunst nützt ihm nichts mehr.

Es stellt sich die Frage, um was es denn geht bei seiner Kunst. Sie hat damit zu tun, daß er etwas haben will. Er hat einen gezielten Umgang mit der Natur und mit der Aggression im Modus des Habenwollens und des Tötenwollens. Und wenn kein Tier mehr da ist, das er zur Strecke bringen kann, dann muß er sein Interesse auf etwas anderes richten. Er muß ein neues Ziel im Leben finden. Wir kennen das Märchen und wissen: Er ist dazu ausersehen, die Schwanenjungfer zu erlösen. Sein nächstes Lebensthema hieße also: erlösen statt töten.

Wir haben es zu Beginn dieses Märchens mit einer klassischen Übergangssituation zu tun: Das Gewohnte gilt nicht mehr, der Jägerbursche findet kein Tier mehr, aber es ist auch nichts Neues da, das sein Interesse auf sich zieht. Es handelt sich auch in dem Sinn um eine Übergangssituation, daß er auf seiner Suche nach etwas, was sein Interesse wecken könnte, das Vertraute verlassen hat und sich plötzlich an einem eigentümlichen Ort befindet: Mitten in der Wildnis, an einem großen schönen See – und darauf der Schwan, blank, silberweiß, wunderschön. Wir können uns vorstellen, daß er die Energien nach innen wendet, daß er sich konzentriert, daß er vielleicht meditiert und nun eine Vision hat, wie sie zu solchen Übergangsphasen gehört. Dieser Schwan – blank, silberweiß, wunderschön – wirkt sehr geheimnisvoll. Er ist kein gewöhnlicher Schwan. Solche Visionen vermitteln immer eine Ahnung von einer andern Welt, und der Schwan, der dem Jägerburschen erscheint, ist tatsächlich wie eine Erscheinung aus einer andern Welt.

Wie geht er damit um? Wie er immer mit allem umgegangen ist: Er will schießen. Sein altgewohntes Muster heißt töten, und nun will er sich des Ungewohnten habhaft machen. Gehen wir davon aus, daß diese Schwanenerscheinung einer plötzlich auftauchenden Faszination entspricht, dann hieße das, daß er seine Faszinationen ganz schnell und ganz gezielt abwehren will. Die Spannung, die mit der Faszination verbunden ist, will er ganz schnell nach außen in einer Aktion abführen.

Er kommt aber gar nicht zum Schießen, denn eine Stimme sagt: «Schieß nicht, sonst kostet es dich dein Leben.» Das ist wohl eine Stimme von innen, eine Warnung im Interesse des Lebens. Deshalb ahnen wir, daß der Schwan, wenn er erlöst werden kann, neues Leben bringen wird. «Schieß nicht, sonst kostet es dich das Leben» heißt auch: «Es geht bei mir ums Leben, ich kann neues Leben bringen», vielleicht sogar: «Ich bin das neue Leben.»

Der Meisterschütze zögert, und das ist ein wichtiger Hinweis. Zögern ist der Moment, wo etwas Neues werden kann. Solange wir in der alten Haltung dem Leben gegenübertreten, zögern wir nicht. Alles geht weiter wie bisher, geplant, kontrolliert; Neues kann da nicht werden. Im Zögern zeigt sich, daß mindestens zwei Tendenzen in unserer Psyche sich streiten. Dadurch erleben wir eine Verunsicherung, und in dieser Situation kann etwas Neues aufbrechen.

Zweimal hält der Schwan den Schützen vom Schießen ab. Auf ein drittes Mal läßt er es aber nicht ankommen. Als der Jäger das dritte Mal anlegt, verwandelt sich der Schwan. Die Faszination muß sich zeigen: Hinter dem Schwan steckt eine wunderschöne Frau. Wir haben es hier mit einer Animafaszination zu tun. Der Jägerbursche trifft eine geheimnisvolle Fremde, eine faszinierende fremde Frau, die natürlich auch faszinierenden, fremden Seiten in seiner eigenen Psyche entspricht. Der innere Konflikt macht die Verwandlung des Schwans in das eigentliche Objekt seiner Faszination möglich. Es zeigt sich, wem er begegnen muß, womit er sich auseinandersetzen muß.

## Der Schwan und das Geheimnis

Der Schwan gilt symbolisch als Übergangswesen. Er schwimmt normalerweise auf dem Wasser, er kann aber auch fliegen, und er kann sich an Land bewegen. Er ist also ein Wasser-Luft-Land-Tier. Und die silberweiße Erscheinung, als die ihn das Märchen beschreibt, verbindet ihn dem Mond und der Nacht. Von daher gewinnt man den Eindruck einer geheimnisvollen, übernatürlichen Schönheit. In der Mythologie sind Aphrodite und Artemis von Schwänen begleitet; sowohl die Liebesgöttin als auch die Göttin des freien, naturhaften Schweifens werden also mit dem Schwan in Verbindung gebracht. Das Thema Liebe und das Thema Autonomie sind hier angesprochen.

Der Jägerbursche wird von einer tiefen Faszination, die noch nicht Liebe ist, die aber Liebe werden kann, erfaßt. In dieser Faszination spielt die Farbe Weiß eine Rolle, spielt das Thema der Reinheit eine Rolle, verstanden als ein jungfräulicher, stiller, intensiver Beginn von etwas Neuem. Es könnte sich um eine Vision handeln, eine lichte Vision, silberweiß wie der Mond, die doch eher in die Dunkelheit der Nacht gehört denn in das helle Sonnenlicht. Eine Vision, die mit Ahnungen zu tun hat und mit deren Enthüllung.

Es könnte aber auch sein, daß der Meisterschütze eine wirkliche Frau aus Fleisch und Blut getroffen hat, die in ihm dieses Bild und die damit verbundenen Ahnungen weckt. Er ist fasziniert, er ist gebannt. Dieses Animabild, das er projiziert, ist ein ideales Bild: blank, sauber, edel, rein. Ist ein Bild so einseitig ganz und gar ideal, dann können wir annehmen, daß die weniger ideale Hälfte auch noch irgendwo auftauchen wird. Das gilt, ob es sich bei dieser Faszination um eine intrapsychische Erfahrung handelt, um die Begegnung mit der archetypischen Gestalt der Anima, oder ob diese intrapsychische Repräsentanz auf eine konkrete Frau projiziert wird und Gefühle größter Faszination auslöst. Auf jeden Fall wird ihn diese zunächst idealisierende erotische Erfahrung psychisch sehr verwandeln. Wie soll er damit umgehen?

Die Schwanenjungfer fordert von ihm, ein Jahr lang jeden Sonntag für sie das Vaterunser zu beten und nie von ihrer Schönheit zu sprechen. Das Vaterunser ist wohl einfach als ein Gebet zu verstehen. Das heißt, er muß jeden Sonntag an sie denken und seine Erfahrung in den größeren Zusammenhang von etwas Göttlichem hineinstellen. Spricht man ein Gebet für jemanden, dann sieht man diesen Menschen in einem größeren Lebenszusammenhang, in einem hilfreichen Lebenszusammenhang auch. So verstanden, ist Beten eine Möglichkeit, das Bild der Anima, die innere Repräsentanz der Anima, immer wieder zu beleben. Man denkt an sie, und indem man Gebete für sie spricht, wird sie in einen größeren Rahmen hineingestellt.

Nicht von ihrer Schönheit sprechen zu dürfen heißt für den Jägerburschen, daß er die Faszination nicht narzißtisch mißbrauchen darf. Er darf diese Faszination nicht dazu verwenden, um den andern zu imponieren, um ihnen zu zeigen, wie toll er ist, was für eine wunderschöne Frau er sich hat angeln können, sondern er muß diese Faszination intrapsychisch für sich am Leben halten und pflegen. Er soll sich in einer meditativen Weise mit der Faszination befassen. Was das Märchen hier fordert, ist eine bestimmte Art, mit intrapsychischen Gestalten umzugehen: Was fasziniert in einem Traum oder in einer Vision, soll erhalten werden, indem man Kontakt pflegt damit, indem man nicht darüber spricht, die Erfahrung nicht zu schnell nach außen trägt. Es geht um eine innere Beziehung, die wachsen muß. Und selbst wenn diese Schwanenjungfrau einer realen Frau entspräche, ginge es nicht um eine Beziehung, die sofort gelebt wird, sondern um eine Faszination, die eine große innere Entwicklung braucht, damit sie überhaupt gelebt werden kann. Dabei entwickelt man sich selber im Abgegrenztsein, versichert sich der eigenen Identität – und fühlt sich mit einer solchen Faszination sehr reich.

Der Jägerbursche geht zum Vogelschießen, das der König von Frankreich organisiert. Und da ahnt man Schlimmes.

Das ist eine Rückkehr in die alte Tüchtigkeit, in das alte Denken, das sich auch darin äußert, daß es beim Wettschießen um eine Frau geht. Die Frau wird per Schuß geholt. Wie anders mutet da doch das wöchentliche Vaterunser für die Schwanenjungfer an! Die wird nicht per Schuß geholt. Der Bursche geht also in einer falschen Einstellung zum König von Frankreich. Es ist das alte Selbst, das hier funktioniert, und nicht die Identität, die im Werden ist, nicht die Identität, die sich umstrukturiert. Er hat mit großem Einsatz diese faszinierende Phantasie kultiviert, eine Phantasie, die ihn der Leidenschaft näherbringt, und als Kompensation dazu verfällt er in die alte Tüchtigkeit: Er habe eine Braut, die sei wohl noch tausendmal schöner als die Königstochter von Frankreich, sagt er dem König – und verrät damit die Schwanenjungfer. Sie tritt denn auch gleich auf den Plan, wie immer sehr streng, sehr vorwurfsvoll.

Auch in diesem Märchen ist der Verrat eine Voraussetzung für größere Bewußtwerdung. Irgendwann muß diese introvertierte Pflege des Bildes der Anima aufhören, und die Anima muß in eine reale Beziehung hineingetragen werden. Das Märchen sagt: «Er vergaß sich.» Und sich zu vergessen meint, unbewußt zu werden. Wenn wir ohne zu denken, ohne bewußte Absicht etwas tun, dann bringt uns das oft in Schwierigkeiten, aber gerade das ist es auch, was den jeweils anstehenden Entwicklungsprozeß weitertreibt. Immerhin: Der Jägerbursche hat das Angebot, die Tochter des Königs zu bekommen, ausgeschlagen. Er hat also ein glanzvolles Leben und eine großartige Karriere ausgeschlagen, er bekennt sich zu seiner Schwanenjungfer. Er geht nicht einen kollektiven Weg des äußeren Erfolgs, sondern er lebt trotz der Versuchung seiner Faszination nach, und das ist meistens ein individueller Weg.

Zunächst muß er nun aber die Schwanenjungfer suchen.

Weil er sie verraten hat, lebt sie im Glasberg. Wir können vermuten, daß sie auch zuvor im Glasberg gelebt hat. Die Orte der Verbannung in den Märchen sagen jeweils etwas aus über die Schwierigkeiten, die mit dieser Frau oder mit dieser Animagestalt verbunden sind. Was bedeutet es, im Glasberg zu leben? Der Glasberg steht in einem großen Kontrast zur Wildnis, wo sich die Schwanenjungfer dem Jägerburschen erstmals gezeigt hat. Glasberge kennen wir nur aus Märchen und Mythen. Sie wecken gewisse Vorstellungen: Sie sind kalt, glatt, unerreichbar, abgeschlossen, ein bißchen steril. Aus anderen Märchen wissen wir, daß sie sehr rutschig sind. Da braucht man zum Beispiel in einer russischen Variante Pantöffelchen aus Lausleder, damit man einen gewissen gläsernen Berg besteigen kann und dort oben die Prinzessin findet. Gelegentlich gibt es auch wunderbare Pferde, die das schaffen. Sitzt jemand im Glasberg, dann kann man diesen Menschen zwar sehen, aber man kann ihn nicht fühlen, man bekommt keinen emotionalen Kontakt zu ihm. Ist die Schwanenjungfer in den Glasberg gebannt, dann heißt das für den Jäger, daß die Faszination entrückt ist. Er kann sie zwar noch wahrnehmen als Erinnerung, er weiß noch, daß er einmal davon fasziniert war und wie sich das anfühlte, aber die Erfahrung ist emotional nicht mehr erreichbar. Was ihm geblieben ist, ist die Sehnsucht nach der lebendigen Faszination, und die treibt ihn voran.

Betrachten wir das Märchen aus der Perspektive der Schwanenjungfer, dann könnte es sich um eine Frau handeln, die eine sehr geheimnisvolle Persona hat und den Mitmenschen begegnet, als sei sie nicht ganz von dieser Welt. Es wäre eine Frau, die es schwer hat, mit anderen Menschen wirklich in Kontakt zu kommen, und die sich isoliert, abgekapselt fühlt.[38]

Im realen Leben entsprechen diesen Glasbergprinzessinnen oft wunderschöne Menschen, die etwas Sprödes, Distanziertes an sich haben und mit denen man keine warme Beziehung aufnehmen kann.

## Der Verrat und die Suchwanderung

Des Jägers Verrat hat darin bestanden, daß er über die Schwanenjungfer gesprochen hat, daß er sie als narzißtisches Objekt mißbraucht hat, sich eine ihm nicht zustehende Größe gegeben hat mit ihr. Er hat aber nicht nur mit ihr imponieren wollen, er ist auch zu seiner Faszination gestanden. Und das war durchaus riskant. Ist es sinnvoll, einem König ins Gesicht zu sagen, daß es eine Frau gibt, die sehr viel schöner ist als seine Tochter? Der Jägerbursch profitiert jedenfalls davon, daß dieser König wenig aggressiv ist. Trotz der großen Hingabe an dieses innere Bild, trotz der Faszination hat er davon gesprochen, und damit ist der gefühlsmäßige Zugang zu dieser inneren Erfahrung weg. – Wie es oft geschieht, wenn wir zu früh von unseren inneren Bildern sprechen. Sprechen wir allerdings nie davon, dann verblassen sie ebenfalls: Auch da gibt es einen guten Moment, um sie nach außen zu tragen.

Noch ist die Faszination da, aber als Erinnerung, noch ist die Sehnsucht da, die Schwanenjungfer zu erlösen, das heißt, wieder in einen lebendigen Kontakt zu ihr zu kommen. Und sie möchte tatsächlich von ihm erlöst werden, sie sagt ihm, wo er sie finden kann. Es ist nicht klar, wer wen erlöst – letztlich erlösen sie sich gegenseitig.

Was treibt ihn vorwärts? Möglicherweise das Versprechen, das er gegeben hat, vielleicht die Sehnsucht, vielleicht das Gewissen. Denn sein Leichtsinn ist ihm «schwer aufs Herz» gefallen, er hat Gewissensbisse, weil er die Sache zu leicht genommen hat. Er reagiert mit Schuldgefühlen; und er will wiedergutmachen.

Lange ist er unterwegs auf der Suche nach der verlorenen Faszination, er ist zäh und ausdauernd. Endlich gelangt er zu einer einsamen Waldmühle. Der Müller tief im Wald drin – ich nenne ihn den Waldmüller – hat seit siebenhundert Jahren niemanden mehr gesehen. Wir befinden uns in einem Bereich, in dem etwas seit Ewigkeiten ohne Verbindung zur übrigen Welt, also abgekapselt, ist. Es ist ausgesprochen eigenartig, daß so weit weg vom aktiven Leben, weit weg von den Getreidefeldern, ein Müller da ist, der zudem der Hüter der Schwelle zum Glasberg ist! Der Müller mahlt normalerweise das Getreide, er mahlt die Getreidekörner zu Mehl, verwandelt sie in einen Zustand, in dem das Getreide auf vielfältige Weise verarbeitet und als Nahrung genützt werden kann. Er ist für die Wandlung des Getreides zuständig, das heißt, er kümmert sich um eine Wandlung, die direkt auf den Gebrauch in der Alltagswelt hinzielt. Und dieser Müller lebt im tiefsten Wald. Hier ist offensichtlich etwas Lebenswichtiges verdrängt worden.

Der Waldmüller ist aber weit mehr als ein Müller, er weiß um das, was der Märchenheld sucht, und kann ihm weiterhelfen, wie wir es von den alten Weisen in den Märchen gewohnt sind: Er ist die Verkörperung eines alten Weisen mit einer sehr guten Beziehung zum weiblichen Bereich.

## Die Quelle am Glasberg

Die Idee, die Schwanenjungfer zu erlösen und sich damit seine Faszination zurückzuholen, treibt den Jägerburschen voran. Indem er den Müller findet, Kontakt findet zu der Weisheit in seiner Psyche, einer Weisheit, die letztlich spirituellen

Hunger zu stillen vermag, entsteht neue Hoffnung, eine neue Energie kommt ins Spiel. Die geistige Faszination, die befindet sich unter Glas und ist im Moment sehr schlecht zugänglich. Aber der alte weise Müller stellt ihm ein Transportmittel zum Glasberg zur Verfügung: Ein Geißbock ist da und trägt ihn. Die Geißböcke gehören zu Pan, dem lüsternen Naturgott, auch zu Dionysos, und sie gehören zum Teufel. Geißböcke können auch zu Sündenböcken werden, aber ein Geißbock ist in erster Linie ein Bock, und den verbinden wir mit Triebkraft und Sexualität. In unserem Märchen ist er schon gesattelt, steht schon bereit – etwas gar nicht Alltägliches. Zudem ist er schneller als das beste Pferd, unheimlich dynamisch und mit dämonischen Zügen. Er ist die erotisch-sexuelle Energie, die den Jägerburschen vorwärtsträgt und die ihn im richtigen Moment abwirft, bei einer Quelle.

Jetzt hat er Lust zu trinken. Die Lebenslust kehrt zurück. Aber da ist schon wieder eine Stimme: «Trink nicht, es kostet dich dein Leben.» Er will ein elementares Bedürfnis stillen, und das soll das Leben kosten? Die Schwanenjungfer hatte ihn mit der gleichen Drohung vom Schießen abgehalten. Offenbar wird er der Schwanenjungfrau untreu, wenn er von der Quelle trinkt. Wie können wir das verstehen? Er sollte einen Triebverzicht leisten, und den leistet er nicht. Wir können uns sehr gut folgendes Szenarium vorstellen: Bei der Quelle sitzt eine Nymphe – an den Quellen sitzen in der Regel Nymphen, und der lüsterne Gott Pan stand sehr gut mit ihnen –, und wenn der Jägerbursche schon auf einem Geißbock kommt, mit dieser Dynamik und Potenz angehoppelt kommt, dann können wir schon erwarten, daß er hier mit den Nymphen etwas von seiner Potenz auslebt. Wir können uns leicht vorstellen, daß er sich im Bann eines Nymphenkomplexes befindet; die Nymphen können ihm die «schnelle» Lebendigkeit, das sexuelle Abenteuer, bescheren. Aber das ist es nicht, was ihm eine wirkliche Lebendigkeit gibt, und deshalb wohl droht die innere Stimme, es koste das Leben. Das Märchen suggeriert, daß ihn nichts von seiner Suche abbringen dürfe. Nimmt der Bursche seine innere Stimme ernst?

Vergleichen wir Quelle und Glasberg, stoßen wir auf einen sehr großen Gegensatz: Die Quelle kommt aus der Tiefe an die Oberfläche, sozusagen aus dem Mutterschoß der Erde, als ihr Überfluß. Eine sprudelnde Quelle ist zudem sehr bewegt, lebendig. Der Glasberg dagegen ragt in die Höhe, und er ist wie erstarrtes Wasser, wie Eis.

Der Jäger hat jetzt eine gewisse Lebendigkeit gefunden, aber offensichtlich ist das doch noch nicht die Erfüllung der Sehnsucht. Zwar scheint er an der Quelle zu sein, er scheint etwas gefunden zu haben, was für ihn eine Lebensquelle sein kann, aber noch existiert der Glasberg. Die Erlösung hat noch nicht wirklich stattgefunden, und daher tritt denn auch sogleich wieder mahnend die Schwanenjungfer auf: Diese Form von Lebendigkeit meinte sie offenbar nicht.

## Die Auseinandersetzung mit den Quälgeistern

Da nun die Beziehung zwischen dem Jägerburschen und der Schwanenjungfer in den Vordergrund tritt, werde ich im folgenden das Märchen vorwiegend aus der Perspektive des Paares deuten.

Die Schwanenjungfer hält die kalte Spitze des Hirschfängers auf das warme Herz des Jägerburschen. Sie reagiert zunächst zornig, dann verspürt sie Mitleid, und dann erlebt sie Liebe. Erfährt eine Frau eine solche Wandlung der Emotionen, wird sie dadurch aus dem «Glasbergzustand» erlöst. In einem Glasbergzustand zu leben heißt, abgeschnitten zu sein von den Emotionen. Der emotionale Prozeß, der sich hier abzeichnet, ist sehr typisch für jemanden, der die Emotionen so stark verdrängen mußte: Zuerst wird Zorn erlebt, dieser verwandelt sich in Mitleid, und daraus wird Liebe. Der Zorn, die Wut, ist sehr oft eine Türöffnerin für andere Emotionen. Die Emotionen, die sich aus der Wut der Schwanenjungfer herausentwickeln, sind verbunden mit der Vorstellung und der Hoffnung, der Bursche könnte sie doch noch erlösen.

Die Verbindung von Jägerbursche und Schwanenjungfrau ist jetzt eine ganz andere als zuvor: Früher hat *er* getötet, jetzt hätte *sie* die Macht, ihn zu töten. Wir haben es mit umgekehrten Machtverhältnissen zu tun, bei der Schwanenjungfrau finden wir zudem bereits eine Verschränkung von Liebe und Aggression. Das heißt, sie kann ihn lieben, ohne sich selbst dabei zu verlieren, eine gute Voraussetzung für eine dauerhaftere Liebe. Das glückliche Ende ist aber noch nicht möglich, denn der Jäger schläft noch, er muß erst erwachen. Erwachen heißt hinsehen, genau wahrnehmen; erwachen heißt auch, die Realität so wahrzunehmen, wie sie ist. Deshalb wohl muß er die Schwanenjungfrau nun in der finsteren Welt suchen.

Die finstere Welt ist ein Ausdruck für die Unterwelt, für die Hölle, für das Fegefeuer. Sie ist zudem ein Bild für finstere Verzweiflung. Und den Jägerburschen überkommt jetzt tatsächlich die finstere Verzweiflung; es heißt, er wünschte sich das Leben nicht mehr. Er wird des Lebens überdrüssig, wiederum verflucht er seinen Leichtsinn. Dennoch macht er sich frisch auf den Weg, weil ihm nichts anderes übrig bleibt. Es fällt auf, wie leicht er verzweifelt und wie ebenso leicht er wieder guten Mutes ist. Der Lebensüberdruß dürfte sich in Grenzen gehalten haben.

Wieder geht er auf die Suche, ohne sich an äußeren Anhaltspunkten orientieren zu können. Diesmal muß er noch länger herumwandern, bis er auf die zweite einsame Waldmühle trifft. Auch hier wohnt wieder ein Müller, der ein weiser Mann ist. Dieser hat Kontakt zum Vogel Greif, einem Fabeltier, das vorne aussieht wie ein Adler und hinten wie ein Löwe. Der Adler gilt als der König der Luft, der Löwe als der König der Erde. Der Vogel Greif ist also ein zweifaches Königstier und damit sehr souverän. Gleichzeitig ist er stark, aggressiv, grimmig, mit einem durchdringenden Blick, sehr oft tritt er in der Symbolik in der Nähe des Teufels auf. Er symbolisiert eine große Energie, kennt kaum Grenzen, ist furchtlos und mit Überblick begabt.

Der Jägerbursche soll sich in ein Mehlfaß legen, damit ihn der Vogel Greif unbemerkt in die finstere Welt trägt. Dieses Mehlfaß können wir verstehen als eine Art Mutterbauch, einen Container, in dem eine Wandlung stattfinden kann. Das Thema von Tod und Wiedergeburt klingt hier an. Das Mehl, in das sich der Bursche legen soll, hat mit der Muttergöttin Demeter zu tun. Daß er es sich im mütterlichen Bereich wohl sein läßt, dürfen wir nicht einfach als eine Regression sehen, denn dieser Aufenthalt im mütterlichen Bereich bringt ihn weiter, er wird im Mehlfaß an einen anderen Ort gebracht.

Man kann dieses eigentümliche Fortbewegungsmittel – denn eine Fortbewegung ist es – so verstehen, daß er sich selber schützt, wobei er großartige Phantasien von Stärke, von Macht, von Etwas-bewirken-Können und gleichzeitigem mütterlichem Genährtwerden hat, gerade weil er sich in einer aussichtslosen Situation befindet. Diese Größenideen benützt er wie ein Übergangsobjekt, um aus diesem Übergangsraum[39] herauszukommen, um an den Ort zu kommen, wo die finstere Welt auf ihn wartet. Er identifiziert sich aber nicht mit dem Vogel Greif, er läßt sich nur tragen; das heißt, er benützt und nützt seine Größenidee, er verfällt ihr aber nicht. Er weiß immer noch um seine eigene, bescheidene Dimension, die des Schutzes bedarf, und dennoch läßt er sich von den Ideen von Freiheit, Macht, Größe und unermeßlicher Energie motivieren. Stellen wir uns vor, wie wir uns in einem Mehlfaß drin fühlen würden, dann verspüren wir ein Lebensgefühl der Kleinheit. So sind beide Lebensgefühle vorhanden: auf der einen Seite das Ergriffensein von einer energiereichen, dynamischen Phantasie, einer Größenidee, der Überzeugung, in dieses finstere Land gelangen und die Aufgabe lösen zu können, auch wenn es gefährlich ist. Und auf der andern Seite das Wissen darum, daß er auch Hilfe braucht, von Hilfe abhängig ist. Im Moment, da er das Mehlfaß mit seinem Hirschfänger öffnet, da hat man den Eindruck, daß er in die finstere Welt hineingeboren wird. Und zuerst mit Händen und Füßen tastend, aber doch zielgerichtet, geht er auf die Suche nach der Schwanenjungfrau. Was ihn leitet, ist das Rauschen eines Flusses.

Es lohnt sich, die Wasserstationen in diesem Märchen anzuschauen. Am See begegnet ihm die Schwanenjungfer zum erstenmal, dann gelangt er zur Quelle, wo er sie, weil er den Triebverzicht nicht leistet, wieder verliert, und nun führt ihn das Rauschen des Flusses zur Brücke, von wo aus er sich orientieren kann. Daraus läßt sich die Dynamik der Entwicklung ablesen: Der See ist ein stilles Gewässer, bei dem noch alles möglich ist. Hier ist Wasser in seiner Qualität der Potentialität dargestellt, hier taucht die faszinierende Frauengestalt als Unbekannte erstmals auf. Bei der Quelle sprudelt das Wasser aus der Tiefe; Quellen sind ja ausgesprochen belebte und belebende Gewässer, die aber auch verführerisch wirken können: Der Jägerbursche hat dort eine kurzfristige, vergängliche Lebendigkeit gesucht und die Verbindung mit seiner Anima, der archetypischen Lebendigkeit, verloren.

Jetzt, in der finsteren Welt, kommt die ganze Geschichte so richtig in Fluß.

Betrachten wir das Märchen wieder auf der Beziehungsebene, dann können wir uns einen Mann vorstellen, der von einer großen Faszination für eine Frau von ätherischem und etwas unbestimmtem Wesen ergriffen worden ist. Diese Faszination ist ihm abhanden gekommen, und nun geht es darum, eine wirkliche Beziehung zu ihr aufzunehmen, was sich als sehr schwierig herausstellt.

Was ist das Geheimnis der Schwanenjungfer? Sie ist der «finsteren Welt» verhaftet, und wir wissen aus dem bisher Geschehenen, daß die Erlösung erst jetzt wirklich möglich ist. Zunächst mußte das Problem gelöst werden, daß sie sich so gläsern anfühlte, so wenig in Kontakt war mit ihren Gefühlen. Wir werden später den vermutlichen Grund sehen: Um die «Quälgeister» nicht spüren zu müssen, hat sie alle ihre Gefühle abgespalten. In dem Moment, als der Kontakt zu den Emotionen wiederhergestellt ist über Wut, Mitleid und Liebe, wird das Gequältsein spürbar, das Problem des Gequältseins wird aktuell und muß angegangen werden. Die helle Welt und die Welt des Finsteren stehen sich entgegen, nähern sich aber an, denn immerhin ist die lichttragende Schwanenprinzessin mit der dunklen Kammerjungfer zusammen. Das Dunkle bricht nun mit Intensität ein.

Die Schwanenjungfer muß «zur Musik gehen». Muß sie Gefühlsbäder nehmen, nachdem sie im Glasberg war, am Ort der Gefühllosigkeit? Wir wissen nicht, was bei dieser Musik passiert. Ob sie etwa mit den Geistern tanzt? Es ist ein ganz eigentümliches Motiv, man muß selten «zur Musik» im Märchen. Aber dieses Märchen hat auch sonst viele eigenwillige, originelle Züge.

Das Finale findet zwischen dem Jäger und der Schwanenprinzessin und den Geistern statt. Die Geister sind Quälgeister,

und sie sind Ausdruck der Verwünschung der Schwanenjungfer. Diese Quälgeister können wir verstehen als zermarternde
Gedanken, als Selbstquälereien, als den Zwang, sich zerflei-
schen zu müssen. Das gehört zu einer Depression, wir finden
diese masochistischen Quälereien aber auch bei Menschen, die
sexuelle oder emotionale Mißhandlung erleben mußten.

Jetzt, da wir um diese Quälgeister wissen, können wir
auch verstehen, warum die Schwanenjungfrau selber so ein
Quälgeist war, warum sie sich immer gleich so vorwurfsvoll
verhalten hat dem Jäger gegenüber. Sie versuchte ihm ständig
ein schlechtes Gewissen zu machen, wahrscheinlich weil sie
selber grausame Schuldgefühle hatte. Und er übernahm sehr
schnell die Projektion, er verwünschte sich selber sehr schnell
seines Leichtsinns wegen. Diese Quälgeister hauen, stechen
und peinigen auf alle Arten, wie das Schuldgefühle oft tun.
Und des Jägers Aufgabe ist es, diese Quälgeister abzufangen,
ohne sich mit ihnen zu verwickeln. Er muß so tun, als gäbe
es diese Quälgeister gar nicht.

Zu Beginn des Märchens war er es, der getötet hat, der
geschlagen und gestochen hat, jetzt wird er geschlagen und
gestochen. Daß er sich nicht verwickeln darf, heißt, daß er
mitempfinden muß, wie sehr sie gequält ist, ohne ihr einen
Vorwurf zu machen. Er quält sie nicht noch zusätzlich, sondern ist ruhig, ist bei ihr, leidet mit. Er kann dieses Leiden
zulassen, weil er weiß, daß das nicht ewig dauert.

Beide sind gequält. Beide müssen sich mit diesem Gequältsein auseinandersetzen, in allen Dimensionen, bis fast
zum Tod. Das erinnert an schamanistische Praktiken, an Ri-
ten von Tod und Wiedergeburt, bei denen es um die innere
Zerstückelung geht, damit der Mensch neu entstehen kann.
Es läßt aber auch an Menschen denken, die traumatisiert
worden sind, deren Persönlichkeit zerstückelt wurde durch
Peiniger.

Wir können uns vorstellen, daß hier eine Beziehung zu einer Frau dargestellt wird, die innerlich sehr gequält ist und daher oft selber auch quält – diese Schwanenprinzessin gleicht ja in gewisser Hinsicht den Rätselprinzessinnen oder den verwünschten Prinzessinnen[40] in anderen Märchen –, in der der Partner aber weiß, daß sie gequält ist und aus diesem Gequältsein heraus selber auch quält. Und weil er es weiß, nimmt er dieses Quälen nicht persönlich, auch wenn es sehr weh tut. Es ist nicht leicht, sich so zu verhalten. Normalerweise fühlen wir uns, wenn ein Partner oder eine Partnerin sich gequält fühlt und quält, ebenfalls gequält, werden wütend oder depressiv und machen Vorwürfe.

Gehen wir davon aus, daß das Märchen eine Paarproblematik und dessen Lösung darstellt, dann ist seine Botschaft: Zunächst geht es darum, an der Beziehung zu arbeiten, sich mit ihr auseinanderzusetzen. Schließlich muß die Qual des Partners oder der Partnerin bewußt gesehen werden, sie muß angenommen, darf aber nicht persönlich genommen werden.

Sehen wir das Märchen als Bild einer exemplarischen Wandlung, wie die Anlehnung an schamanistische Symbole es nahelegt, so weist es darauf hin, daß ohne das Aushalten von Qual keine Wandlung möglich ist.

Schon zu Beginn des Märchens wurde deutlich, daß die alte Einstellung, so perfekt sie auch war, nichts mehr brachte. Eine neue Einstellung war aber nicht in Sicht. Der Tiefpunkt der Wandlung – oder deren Höhepunkt – ist nun in dieser Situation zu finden, in der der Jägerbursche zerschunden und zerstückelt ist, in der seine alte Identität sich buchstäblich auflöst – und er durch die Heilsalbe dennoch immer wieder eine unversehrte Identität zurückgewinnt. Wir haben es nämlich nicht nur mit der sogenannten «Zerstückelung» zu tun, einem Zustand, in dem psychisch kein Stein auf dem anderen bleibt, alles qualvoll in Frage gestellt wird, sondern wir haben auch die Heilsalbe, das Heilmittel. Diese Salbe ist ein Versprechen auf neues Glück, auf Ganz- und auf Heilwerden, auf eine unversehrte Identität. Und wir wissen, daß der Bursche am Schluß «gesunder und schöner ward denn zuvor».

Dies wirft noch einmal ein Licht auf die Schwanenjungfrau. Sie gehört nicht nur in den Glasberg, nicht nur zur dunklen, finsteren Welt, sondern sie hat auch einen Zugang zur Welt des Heilens, zur Welt der Kräuter, zur Natur.

Wir können diese Situation des Gequältseins auch sexuell verstehen. Es wäre dann so, daß der Jägerbursche «unter dem Bett» schlafen muß, das heißt, er darf noch nicht mit ins Bett. Er darf sich nur schützend über die Schwanenjungfer legen und muß dann wieder «unters Bett», weil die sexuelle Beziehung noch nicht gelebt werden darf, denn dann würde dieses Quälen in die sexuelle Beziehung hineingetragen werden. Das käme einer sadomasochistischen Kollusion[41] gleich. Der Jägerbursche macht in dieser Situation immer zwei Erfahrungen, zunächst eine destruktive, dann eine positive – er wird zerstört und wird geheilt, er wird geschlagen und liebevoll berührt –, und dadurch erlöst er sie und sie ihn.

## Zurück ins Alltagsleben

Nach der Erlösung kehrt der Jägerbursche mit der Prinzessin zurück zum König von Frankreich. Es stellt sich die Frage, ob das alte und das neue Leben miteinander verbunden werden können. Oder anders gefragt: Wie sieht das neue Leben im Lichte des alten Lebens aus? Der König von Frankreich attestiert dem Jägerburschen, daß er recht gehabt hat, daß diese Frau wirklich schöner ist als seine Tochter. Es ist ungewiß, ob der Bursche und die erlöste Schwanenjungfer als neues Modellpaar am Königshof gelten können. Es bleibt in diesem Märchen offen, ob er König wird oder nicht, es schließt mit seiner Rehabilitation. Das scheint mir aber nicht der zentrale Punkt zu sein, sondern wichtig ist der lange Entwicklungsgang, durch den der Jäger zu einer wirklichen Beziehung findet.

Natürlich können wir diese Geschichte auch als ein Bild der Integration der Anima auffassen. Zuerst wird die Anima idealisierend überhöht in dem wunderbaren, tollen Schwan. Wird diese Anima in einer Beziehung auf eine Frau übertragen, wird auch sie idealisiert, auch sie ist nun ein wunderbarer Schwan. Das heißt aber, daß sie gar nicht als Person und als Individuum gesehen wird. Dadurch entsteht keine wirkliche Beziehung, das ist Faszination, es ist Bewunderung, aber keine Beziehung. Die Faszination, die sich nicht verändern darf, die sich nicht zu einer Beziehung entwickeln darf, erstarrt und äußert sich als «Glasberggefühl»: ein Glasberg mit einem Schwan darin, ein wenig kitschig, möglicherweise sehr ästhetisch, wahrscheinlich immer noch schön, aber ohne jede Beziehung zu einer lebendigen Frau, allenfalls zu einem schönen Ausstellungsstück. Diese Überhöhung bleibt, und man fragt sich, ob denn so eine Überhöhung nötig ist. Sie könnte notwendig sein, weil es Quälgeister gibt, weil er oder auch seine Anima gequält ist: Die Idealisierung ist notwendig als Kompensation, weil eine große Aggression den Frauen gegenüber besteht, ausgedrückt in den Quälgeistern. Und die Qualen, die diese Quälgeister verursachen, müssen erlebt werden, bevor eine wirkliche Beziehung möglich wird.

## Was das Leben in diesem Märchen gelingen läßt

Wiederum haben wir zu Beginn des Märchens einen Menschen, dem alles gelingt. Wenn einem Menschen alles gelingt, heißt das nicht, daß es ihm immer wieder gelingt, sagt das Märchen. Was heute gelingt, kann morgen nicht mehr gelingen, und dann muß eine neue Einstellung zum Leben gefunden werden. Gelingen im Märchen gilt nie für alle Zeiten, das Gelingen gilt für eine gewisse Zeit, und dann muß eine neue Art des Gelingens gefunden werden. Das Gelingen hat also auch etwas zu tun mit dem Rhythmus des Lebens. Gegen dieses Gelingen steht zum einen die Routine. Der Jägerbursche will schnell, tüchtig wie er ist, die neue Erfahrung ins alte System integrieren. Er will den Triebverzicht nicht leisten, und er muß sich letztlich mit den Quälgeistern auseinandersetzen.

Warum gelingt es ihm? Es gelingt ihm, weil er der inneren Stimme gehorcht und nie aufgibt. Vielleicht ist das sogar die positive Funktion der Quälgeister. Er reagiert mit Schuldgefühlen, weil er so leichtsinnig war, die Quälgeister treten in Aktion und treiben ihn weiter. Seine Schuldgefühle sind gerade von solcher Qualität, daß er weitergeht; es sind produktive Schuldgefühle. Es gibt ja auch Schuldgefühle, die total lähmen, und es gibt Schuldgefühle, die so quälen, daß man etwas wiedergutmachen will und die Energie dazu benötigt. Das schlechte Gewissen treibt ihn weiter auf dem Weg seiner Entwicklung. Er läßt sich auf die Quälgeister ein. Und es ist durchaus eine Heldentat, wenn er sich allem, was ihn so quält, wirklich stellt. Normalerweise verdrängen wir unsere Quälgeister. Daß er sich auch dem stellt, was einen andern Menschen quält, hat etwas von einer Heldentat an sich. Entscheidend ist bei diesem Entwicklungsweg die Hilfe der beiden Waldmüller, die sich als alte weise Männer herausstellen.

Diese Hilfe wird ihm erst zuteil, nachdem er lange auf der Suche war.

Wie steht es mit dem Vertrauen?

Das Vertrauen darauf, daß ihm geholfen wird, ist auch bei diesem Märchenhelden sehr groß. Er fängt als der beste Schütze an, er hat ein sehr gutes Selbstbild, und wir sehen bei den Waldmüllern, wie sehr er insistiert, daß ihm geholfen wird. Er akzeptiert die Auskunft, es sei unmöglich, nicht – er beharrt auf einer Lösung. Dieses Insistieren enthält ein Vertrauen auf Wandlung, vielleicht sogar ein Vertrauen, daß das Unmögliche möglich ist. Und das ist zentral bei der Frage, was das Leben im Märchen eigentlich gelingen läßt: Es braucht eine Vision aus dem Vertrauen heraus, daß auch das Unmögliche möglich werden kann. Gerade das ist zwar etwas, was gelegentlich den Märchen vorgeworfen wird: daß es so märchenhafte Lösungen vorschlägt. Dieser Vorwurf ist meines Erachtens nicht gerechtfertigt. Auch im realen Leben sind wir oft darauf angewiesen, daß etwas Unmögliches möglich wird. Wir betrachten die Ereignisse nur nicht unter diesem Aspekt. Doch immer wieder wird etwas Unmögliches möglich.

# Schlußbemerkungen

Was tragen die Märchen zur Frage nach dem gelingenden Leben bei?

Die fünf Märchen, die wir betrachtet haben, machen zunächst deutlich, daß das Gelingen aus ganz verschiedenen Schwierigkeiten heraus möglich ist. Auch die Protagonisten und Protagonistinnen sind sehr unterschiedlich, stammen aus den verschiedensten sozialen Schichten und bringen ganz unterschiedliche Biographien mit.

Im Märchen gelingt das Leben immer dann, wenn die gerade anstehenden Probleme gelöst werden können. Das bedeutet nicht, daß das Leben danach für immer gelingen wird, aber es gelingt momentan. In den Märchen kümmern sich Heldinnen und Helden selten um die fernere Zukunft, das Gelingen findet im Hier und Jetzt statt. Das Leben nicht zu verfehlen heißt also in den Märchen, den Schwierigkeiten zu begegnen, die sich gerade aufdrängen. Daß Leben einmal gelungen ist, ist zwar kein Versprechen für ein immer gelingendes Leben, aber wir gehen zukünftige Schwierigkeiten anders an mit der Erfahrung im Hintergrund, daß wir schon beachtliche Schwierigkeiten gelöst haben.

Gelingendes Leben meint im Märchen nichts Großartiges – und dennoch etwas Großes. Ein Märchenheld oder eine Märchenheldin muß sich voll auf seine oder ihre Aufgabe einlassen, und das heißt, er muß immer bereit sein, sich einer großen Wandlung zu unterziehen.

Die Probleme entstehen aus der Sicht des Märchens dadurch, daß das Leben einseitig gelebt wird, daß wichtige Aspekte außer acht gelassen und verdrängt wurden. Die Aufgabe der Märchenheldinnen und Märchenhelden ist es, das, was verdrängt ist – und auch neue Konstellationen im Unbewußten, die eine Veränderung des Lebens bewirken können, die das Leben schöpferisch verändern –, ins Leben hereinzuholen. Der Protagonist oder die Protagonistin macht stellvertretend einen Wandlungsprozeß durch – symbolisch gesehen, geht es dabei um Tod und Wiedergeburt –, der letztlich das Kollektiv als Ganzes betrifft. Märchenheldinnen und Märchenhelden wehren sich nicht gegen diese Wandlungsprozesse, sie sind also exemplarisch für Menschen, die sich auf die ewige Wandlung einlassen können, ohne dabei ihre Identität zu verlieren.

Besonders interessant ist, daß im Märchen das Niemandsland zwischen der Trennung von der alten Situation, was man als symbolischen Tod verstehen kann, und dem Fußfassen in einer neuen Situation, eine symbolische Wiedergeburt, besonders ausführlich beschrieben wird. In den Ritualen wird diese Situation als ein Aufenthalt im «Between and Betwixt[42]» bezeichnet, als Aufenthalt an einem Ort des «Nicht mehr» und des «Noch nicht». Das entspricht in der Krisentheorie der Phase der inneren Umstrukturierung, in der Verdrängtes wie auch Schöpferisches aus dem Unbewußten langsam zum Bewußtsein kommt. Inwieweit diese Inhalte integriert werden können, ins Leben eingefügt werden können, ist entscheidend dafür, ob eine Krise zu einer Chance wird, zu einem wirklichen Neubeginn, oder zu einer nachhaltigen psychischen Schwierigkeit führt. Diese Phase wird in den Märchen jeweils etwas unspektakulär als langes, langes Wandern beschrieben, gelegentlich auch als langen Aufenthalt im Wald, auch als Situation der größten Entwertung und des Ausgestoßenseins. In diesen Situationen der Orientierungslosigkeit, in diesem Zwischenreich, treten jeweils die helfenden Gestalten auf, die alten weisen Frauen oder die alten weisen Männer.

Die Märchen, in denen der Held oder die Heldin unendlich lange geht, bis er oder sie ans Ende der Welt kommt oder eben auf einen Menschen trifft, der einen weisen Rat gibt, sind in der Mehrzahl. Ist dahinter vielleicht die Erfahrung verborgen, daß durch gleichförmige Bewegungen Menschen in Trance gelangen und dann die guten Einfälle besser aufsteigen können? Allerdings ist es in diesen Märchen kein freudiges Gehen, eher ein Umherirren, aber die Heldinnen und Helden sind in Bewegung, und gerade dadurch ist es auch möglich, daß sie den weisen alten Menschen begegnen, daß Zugang zu Schichten der Psyche gefunden wird, in denen alte Weisheiten schlummern, Lösungen gefunden werden, die den Menschen schon immer geholfen haben. Damit Leben gelingen kann, müssen diese Einfälle ernst genommen werden. Und das ist wichtig: Es ist nicht mehr einfach nur das kleine Ich, das ein Problem lösen muß, das Problem wird dadurch in einen größeren Lebenszusammenhang hineingestellt.

Der Märchenheld oder die Märchenheldin muß sich ganz auf die Aufgabe konzentrieren, sich voll einlassen, und alles tun, was in den eigenen Kräften liegt. Auch alle Kräfte, die in der einseitigen Lebenssituation geweckt worden sind, die sie verlassen haben, werden benötigt. Es ist keine Lebenssituation so schlecht, daß sie nicht doch auch Kräfte wecken würde, die für die Weiterentwicklung gebraucht werden können. Ganz besonders wichtig für das Gelingen scheint zu sein, daß nicht vergessen wird, was einmal gut war im Leben, daß in allen Gefahren und Widrigkeiten die Erinnerung daran bleibt, weil die guten Erfahrungen Quellen des Vertrauens sind und in der aktuellen Situation hilfreich sein können. Das heißt, daß es außerordentlich wichtig ist, sich auch in Situationen des größten Selbstzweifels daran zu erinnern, daß es positive Seiten in einem gibt, Seiten, die man an sich akzeptieren kann.

Es gibt aber immer auch Situationen, die die Märchenhelden und Märchenheldinnen nicht allein bewältigen können, wo sie auf Hilfe angewiesen sind. Es zeichnet sie geradezu aus, daß sie diese Hilfe auch annehmen können, daß sie spüren, wenn ein alter Weiser vor ihnen steht, wenn eine alte Weise vor ihnen steht – das heißt, wann es sich um eine tiefe Erkenntnis handelt.

Alles zu tun, was in der eigenen Macht liegt, und sich helfen zu lassen, wenn es ohne Hilfe nicht weitergeht, offen zu sein für rettende Einfälle, scheint eine Grundregel für das gelingende Leben nicht nur in den Märchen zu sein. Das erfordert zum einen eine sehr aktive Einstellung dem Leben gegenüber mit viel Mut zur Angst, zum anderen eine kontemplative oder meditative Einstellung, die offen ist für Einfälle.

Vielleicht gelingt das Leben den Märchenheldinnen und Märchenhelden, weil sie nicht sagen: «Es geht nicht», sondern die Einstellung haben: «Es muß doch einen Weg geben.» Das weist auf das grundlegende Vertrauen ins Leben hin, das sie trägt. Bei den einen ist dieses Vertrauen offensichtlich, andere scheinen wenig Vertrauen zu haben, und dennoch erweist es sich in den aussichtslosen Situationen, daß sie nicht verzweifeln, sondern daß sie eben doch vertrauen, vielleicht sogar wider besseres Wissen. Sie erklären sich einverstanden mit dem Leben, wie es ist, auch wenn es gelegentlich nicht angenehm ist, sie haben eine Liebe und eine Entschlossenheit auch zu einem schwierigen Schicksal, eine amor fati.

Das Leben wandelt sich immer. Wer dieser notwendigen Wandlung vertraut, mit dieser ständigen Wandlung – mit den Rhythmen des Lebens – geht, dem oder der gelingt das Leben. Das Leben läßt dann auch viel an Gelingen zu.

## Dank

Die Märchen vom gelingenden Leben habe ich in verschiedenen Seminarien behandelt und dann zusammenhängend an der Tagung der Internationalen Gesellschaft für Tiefenpsychologie im Herbst 1996 in Lindau vorgetragen; das Tagungsthema war: «Leidenschaft und Rituale – was Leben gelingen läßt». Diese Vorträge sind auf Kassetten erhältlich bei: Audiotorium Netzwerk, D-97359 Münsterschwarzach Abtei. Ich bedanke mich sehr für das Interesse und die Ideen der Studentinnen und Studenten sowie für das Interesse der Zuhörerinnen und Zuhörer in Lindau. Das Mitgehen und das Interesse haben mich sehr angeregt.

Ich bedanke mich sehr herzlich bei meiner Schwester, die viele Schreibarbeiten für mich übernommen hat, und bei Frau Marianne Schiess für ihr einfühlsames, kompetentes Lektorieren.

# Anmerkungen

1 Ernst Bloch (1959): Das Prinzip Hoffnung. Suhrkamp, Frankfurt a. M., S. 1.

2 Verena Kast (1988): Imagination als Raum der Freiheit. Walter, Olten.

3 Zur Märcheninterpretation vergleiche: Verena Kast, in Ingrid Riedel (Hg.) (1978): Das Böse im Märchen. Bonz, Fellbach.

4 Kinder- und Hausmärchen der Brüder Grimm, herausgegeben von Friedrich von der Leyen. Diederichs, Düsseldorf/Köln 1968. Eine ausführliche Interpretation dieses Märchens findet sich in Verena Kast (1984): Der Teufel mit den drei goldenen Haaren. Vom Vertrauen in das eigene Schicksal. Kreuz, Zürich.

5 Handwörterbuch des Deutschen Aberglaubens, Band III. de Gruyter, Berlin/Leipzig 1927, S. 890.

6 Verena Kast (1996): Vom Sinn der Angst. Herder, Freiburg i. Br., S. 43 ff.

7 Paul Schwarzenau (1984): Das göttliche Kind. Der Mythos vom Neubeginn. Kreuz, Stuttgart.

8 Arnold van Gennep (1986): Übergangsriten. Campus, Frankfurt a. M.

9 Paul Schwarzenau: a. a. O.

10 Max Lüthi (1969): So leben sie noch heute. Vandenhoeck & Ruprecht, Göttingen, S. 73.

11 Verena Kast: Vom Sinn der Angst, a. a. O.

12 Shelley E. Taylor (1993): Positive Illusionen. Produktive Selbsttäuschung und seelische Gesundheit. Rowohlt, Reinbek.

13 Verena Kast (1994): Vater-Töchter, Mutter-Söhne: Wege zur eigenen Identität aus Vater- und Mutterkomplexen. Kreuz, Stuttgart.

14 Verena Kast (1991): Freude, Inspiration, Hoffnung. Walter, Olten, S. 132 ff.

15 Zum Beispiel im Grimmschen Märchen «Der Eisenhans».

16 Wörterbuch der deutschen Volkskunde (1974). Kröner, Stuttgart.

17 Gerd Heinz Mohr (1971): Lexikon der Symbole. Diederichs, Düsseldorf/Köln.

18 Wörterbuch der deutschen Volkskunde, a. a. O.

19 Aus: Deutsche Volksmärchen (1966). Märchen der Weltliteratur, Diederichs, Düsseldorf/Köln.

20 J. Bolte, G. Polivka (1913 ff.): Anmerkungen zu den Kinder- und Hausmärchen der Brüder Grimm, Band 1. Olms, Leipzig, S. 295 ff.

21 Verena Kast: Vater-Töchter, a. a. O., S. 197 ff.

22  A. a. O., S. 196 ff.

23  «The Motherhood Constellation» (1997), auf dem Kongreß «Affektive Kommunikation», ETH Zürich, BUK-Audio-Planung, Müllheim.

24  Genovefa, in Enzyklopädie des Märchens. Handwörterbuch zur historischen und vergleichenden Erzählforschung (1985), herausgegeben von Kurt Ranke, Bd. 5. de Gruyter, Berlin.

25  Aus: Deutsche Volksmärchen, a. a. O.

26  Vgl. Bolte-Polivka, a. a. O., Band 2, 394 ff.

27  Zum Komplex vergleiche Verena Kast (1990): Die Dynamik der Symbole. Walter, Olten, S. 44 ff.

28  z. B. «Der goldene Vogel», in: Kinder- und Hausmärchen der Brüder Grimm, Diederichs, Köln 1982.

29  Siehe auch Verena Kast (1983): Mann und Frau im Märchen. Walter, Olten.

30  Aus: Grimms Kinder- und Hausmärchen. Diederichs, Düsseldorf/Köln 1982.

31  Unter dem Schatten versteht man die Persönlichkeitsaspekte, die zwar auch zu uns gehören, die wir aber an uns selbst nicht akzeptieren können, weil sie nicht dem Idealbild entsprechen, das wir von uns haben. Vgl. Verena Kast, Die Dynamik der Symbole, a. a. O., S. 242 ff.

32  Verena Kast, «Luftträume», in Ingrid Riedel (1993): Die vier Elemente im Traum. Walter, Solothurn, S. 17 ff.

33  Richard Beitl (1974): Wörterbuch der deutschen Volkskunde. Kröner, Stuttgart. Stichwort «Hasel».

34  z. B. Schweinehaut, in A. N. Afanasjew (1985): Russische Volksmärchen. Winkler, München. Und: Verena Kast (1992): Liebe im Märchen. Walter, Olten, S. 15 ff.

35  Verena Kast (1996): Neid und Eifersucht. Walter, Zürich.

36  Verena Kast (1987): Der schöpferische Sprung. Vom therapeutischen Umgang mit Krisen. Walter, Olten.

37  Deutsche Hausmärchen, herausgegeben von Johann Wilhelm Wolf (1851), nachgedruckt im Georg Olms Verlag, Hildesheim (1979).

38  Silvia Plath (1975): Glasglocke. Suhrkamp, Frankfurt a. M.

39  Donald W. Winnicott (1979): Vom Spiel zur Kreativität. Klett-Cotta, Stuttgart, S. 10 ff.

40  Verena Kast (1978): Die verwünschte Prinzessin. In: M. Jacoby, V. Kast, I. Riedel: Das Böse im Märchen. Bonz, Fellbach.

41  Kast, a. a. O., auch: Jürg Willi (1975): Die Zweierbeziehung. Rowohlt, Reinbek.

42  Victor Turner (1989): Das Ritual. Struktur und Anti-Struktur, Frankfurt a. M., zum Thema siehe auch Arnold van Gennep, Übergangsriten, a. a. O.

# Weitere Märcheninterpretationen
## von Verena Kast

Walter Verlag
Zürich und Düsseldorf